职业院校汽车专业任务驱动教学法创新教材

汽车车身钣金整形修复

一体化教程

◎主　编　潘驿飞　包　丹　李志寿

◎副主编　韦邦令　彭青松　殷维清

◎参　编　刘　晶　林东峰　朱幸展　朱福才

　　　　　苏琼香　韦良静　赖辉炎　陈佳元

　　　　　江先炜　廖贻务　陆浩坤　覃媛媛

◎主　审　李云杰

电子工业出版社·

Publishing House of Electronics Industry

北京·BEIJING

内 容 简 介

本书根据职业院校汽车钣金与涂装专业人才培养方案和课程标准，以及《汽车维修工国家职业技能标准（2018 年版）》中汽车车身整形修复工五级、四级、三级标准的技能要求和企业岗位能力要求，结合现代职业教育的特点编写而成。

本书分为 5 个项目，分别是打型钣金、车身覆盖件修复、车身板件接合与更换、车身附件拆装，以及车身损伤检查、测量与矫正。5 个项目中共有 14 个工作任务，分别是曲线规的制作、收纳盒的制作、曲面笔筒的制作、翼子板的修复、车门的修复、保险杠的修复、电阻点焊、气体保护焊、车身结构件的更换、保险杠的拆装、车门内饰板的拆装、车身损伤检查、车身测量及车身矫正。

本书可以作为职业院校汽车类专业教材，也可以作为职业技能培训用书，还可以作为相关行业从业人员的学习参考书。

图书在版编目（CIP）数据

汽车车身钣金整形修复一体化教程 / 潘驿飞，包丹，李志寿主编. -- 北京 ： 电子工业出版社，2024. 7.

ISBN 978-7-121-48255-7

Ⅰ. U472.4

中国国家版本馆 CIP 数据核字第 2024XF7667 号

责任编辑：张镨丹

印　　刷：涿州市京南印刷厂

装　　订：涿州市京南印刷厂

出版发行：电子工业出版社

　　　　　北京市海淀区万寿路 173 信箱　　邮编：100036

开　　本：880×1230　　1/16　　印张：15　　字数：322 千字

版　　次：2024 年 7 月第 1 版

印　　次：2024 年 7 月第 1 次印刷

定　　价：45.00 元

前　言

　　党的二十大报告指出，"我们要坚持教育优先发展、科技自立自强、人才引领驱动，加快建设教育强国、科技强国、人才强国，坚持为党育人、为国育才，全面提高人才自主培养质量，着力造就拔尖创新人才，聚天下英才而用之。"根据《中华人民共和国劳动法》有关规定，为了进一步完善职业标准体系，为职业教育、职业培训和职业水平评价等活动提供科学、规范的依据，人力资源和社会保障部联合交通运输部共同组织制定了《汽车维修工国家职业技能标准（2018 年版）》。本书正是根据该标准中汽车车身整形修复工五级、四级、三级标准的技能要求和企业岗位能力要求编写而成的。

　　本书把相关理论知识及方法的学习和工作任务的实施两个环节与过程有机结合在一起，与国家职业技能标准对接，突出了对学生专业技能、职业能力的培养。在编写过程中，本书坚持"以职业活动为导向、以能力为本位、以学生为中心"的理念，采用"理实一体化"的编写模式，体现了"以学生为主体、以职业需求为导向"的教育观，真正将一体化教学环节落地，充分体现出一体化教学的优势。

　　本书编者团队通过与行业、企业专家一起详细分析汽车车身整形修复工的实际工作过程，以实际的工作环境为学习背景，梳理并归纳出 14 个典型的学习性工作任务。本书每个项目都有项目描述、思考与成长，每个任务都以"任务描述—知识目标—技能目标—素质目标—相关知识—任务流程—评价与反馈—知识巩固"为主线，理论联系实际，学做结合，形式与结构新颖；任务典型，过程完整，安全与质量并重；理论适用，技能突出，步骤与方法明确；图文并茂，通俗易懂，授课与自学容易。

　　本书由潘驿飞、包丹、李志寿担任主编，韦邦令、彭青松、殷维清担任副主编，参与编写的还有刘晶、林东峰、朱幸展、朱福才、苏琼香、韦良静、赖辉炎、陈佳元、江先炜、廖贻务、陆浩坤、覃媛媛。全书由李云杰主审。

　　由于编者水平有限，书中难免有不足之处，敬请广大读者批评指正，并提出宝贵的意见和建议，以便修订时加以改正。

编　者

CONTENTS

项目5 车身损伤检查、测量与矫正 / 181

项目 1

打型钣金

📖 项目描述

尽管当前的汽车车身维修以更换车身零件或附件为主，但钣金件与手动工具的制作对车身维修技术人员来说仍然是一个很重要的工作手段。当车身零件发生局部损坏时，通过钣金件的制作来完成维修工作，能大大降低维修成本；当车身零件被损坏后没有新配件用来更换时，只能通过钣金件的制作来进行维修；当新配件采购时间过长时，可以通过钣金件的制作来提高生产效率。由于汽车车身的结构设计变幻无常，因此通用的手动工具无法适用于所有车型的维修工作，尤其是微型钣金维修更需要车身维修技术人员能根据自身的需求制作各种各样的手动工具。

❓ 思考与成长

本项目设计了 3 个工作任务，旨在让学生在学习过程中了解钣金手工打型的价值不仅在于技能的培养，还在于思想的提升。钣金手工打型需要耐心和细心，学生在打型过程中需要付出辛勤的劳动。这个过程不仅可锻炼学生的耐力和毅力，还可弘扬劳动精神。通过本项目的学习，大家思考一下：在现实生活中如何把自己的一些钣金件成型的设计及想法呈现出来呢？

任务 1 曲线规的制作

任务描述

按照操作要求，使用各种修磨工具修整线錾刃口，在准备好的耗材钢板上凿出相应的图形并剪切下料，制作金属曲线规，如图 1-1-1 所示。

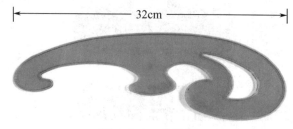

图 1-1-1 曲线规

知识目标

1. 了解汽车车身维修的安全注意事项。
2. 了解钣金维修常用工具的使用方法及维修工艺。
3. 了解钣金材料的基本知识。

技能目标

1. 掌握金属板料的剪切方法。
2. 掌握金属板料的划线方法。

素质目标

1. 培养爱岗敬业的职业道德。
2. 养成良好的工作习惯和安全意识。
3. 培养独立分析、解决问题的能力。

▶ 相关知识

一、汽车车身维修安全

在汽车车身维修工作中，操作人员必须穿戴好必要的防护用品，做好个人防护，以防

工作时产生的噪声、粉尘、焊接弧光、防腐涂料的气味等对身体造成伤害，还要对修复后的汽车车身钣金件做好防腐保护工作，以保证汽车车身维修的效果和质量。

（1）汽车钣金维修人员在进行敲击、钻孔、磨削和切削等工作时，要求佩戴防护眼镜、风镜、面罩、头盔等眼睛和面部的保护装置。

（2）手动工具应保持清洁和良好的工作状况，使用完毕后和收拾前应将其擦拭干净。

（3）手动工具应专物专用，在使用前应检查是否存在裂纹、碎片、毛刺、断齿或其他问题。如果存在问题，则要在维修或更换后再使用。

（4）在使用扳手松开或拧紧螺栓、螺母时，尽量使用拉力而少用推力，当使用推力时必须保持好身体重心，伸出五指用掌心推，以防跌倒。

（5）在工具柜拿取工具时，不要同时打开多个抽屉，以免造成工具柜倾翻事故。

（6）在工作过程中不要把螺丝刀、冲子或其他尖锐的工具放到口袋里，以免刺伤自己或损坏车辆。

（7）保持良好的职业习惯，将所有的零件和工具整齐、正确地放在指定位置，以提高工作效率。

二、常用工具介绍

1. 手锤

根据不同的需要，如敲击物体和整形板面等，手锤会设计成不同的形状和尺寸。手锤的端面有两种形式，即平面和圆弧面。以下是几种在外观件维修过程中常用的手锤。

（1）圆弧锤（见图1-1-2）：用于敲击线錾等，以及敲击较深的圆弧面。

（2）球头锤（见图1-1-3）：用于大力敲击线錾等。

图 1-1-2　圆弧锤　　　　　　　　　　图 1-1-3　球头锤

（3）钣金锤：用于完成维修流程，以使板面达到可接受的金属表面粗糙度，或者达到可以刮涂 2mm 厚度以内的原子灰。大多数钣金锤都有一个圆形端面，这是因为使用方形端面容易在板面上留下敲击痕迹。

（4）平面锤（见图1-1-4）：通常用于打制或维修汽车车身钣金件，以及清除钣金件上的小瑕疵。使用平面锤可以最大限度地消除板面变形，但敲击会造成板面的延展。在使用平面锤时，需要保持较高的敲击精确度，因为在敲击板面时，轻微的角度偏移就会在板面

上留下敲击痕迹，而这些痕迹只能通过打磨或填料来消除。

图 1-1-4　平面锤

　　在使用圆弧锤时，即使敲击精确度不高，也不太容易留下敲击痕迹。圆弧锤端面的曲率与它的工作效果有直接关系。在用圆弧锤敲击金属时，圆弧面的接触区域可能有约 5mm 的跨度。这意味着这么小的区域将吸收敲击的全部力度，而在使用平面锤的情况下，此力度将会扩展到整个表面。

　　下面介绍两种常用的修整锤。

　　（1）一字形钣金锤：锤尖设计用于进入通道受限的区域。一字形钣金锤带有平面或圆弧面，如图 1-1-5 所示。

　　（2）尖头钣金锤：锤尖设计用于敲出小的低点。尖头钣金锤带有平面或圆弧面，如图 1-1-6 所示。

图 1-1-5　一字形钣金锤　　　　　　　　　　图 1-1-6　尖头钣金锤

　　使用手锤的方式与使用传统的锤子钉钉子的方式（上下运动）相同。在摆动钣金锤时，使用的是手腕的力量，而不是手臂的力量。应让手锤先敲击在板面上，然后回弹，并轻轻敲击相隔 3～5mm 的位置处。

2．顶铁

　　顶铁通常和手锤搭配使用，以修复板面损伤。顶铁有多种不同的形状和尺寸，使用优质合金钢制成，其质量应该是所用手锤质量的 2～3 倍。以下是汽车车身维修车间中最常用的 4 种顶铁。

　　（1）通用顶铁（见图 1-1-7）：适用于各种位置，带有一个小曲面和一个大曲面，便于手持。

　　（2）扁平顶铁（见图 1-1-8）：大表面适用于平坦板面的矫正，曲边适用于小板面法兰的矫正。

　　（3）弧形顶铁（见图 1-1-9）：锋利边缘适用于紧凑区域的矫正，平面和曲边适用于弧形边的矫正。

图 1-1-7　通用顶铁

图 1-1-8　扁平顶铁

（4）马蹄形顶铁（见图 1-1-10）：带有用于进入紧凑区域的平面和曲边，在进行钣金维修时可将其牢固地握住，可用于修复板面损伤。

图 1-1-9　弧形顶铁

图 1-1-10　马蹄形顶铁

3. 线錾

线錾一般由碳钢制成，目前也有铝合金及木制线錾。线錾有多种不同的类型，可根据车辆不同的损伤来选用。常见的线錾类型如图 1-1-11 所示。在车身板面维修过程中，经常需要使用线錾来修整车身线条，车身线条的顺畅度可以决定 70%以上维修后的美观度。在车身板面碰损维修过程中，棱线维修的质量最为关键。棱线是钣金维修后喷漆工填补原子灰的标准线，在钣金件制作时能起预折弯线的作用。

图 1-1-11　常见的线錾类型

4. 撬棒

撬棒在狭窄空间顶铁无法伸入的情况下使用。撬棒有不同的类型，可配合不同形状的钢板使用，通常由碳钢制成。碳钢具有良好的耐久性，并且能有效抵抗弯曲变形。常见的撬棒类型如图 1-1-12 所示。

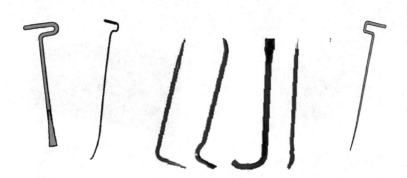

图 1-1-12　常见的撬棒类型

5. 钣金锉刀

钣金锉刀在检视板面平整度及修饰钣金原子灰时使用。钣金锉刀可分为平面钣金锉刀和曲面钣金锉刀，还可分为可调整式钣金锉刀和固定式钣金锉刀，可依据板面形状自由搭配使用。可调整式钣金锉刀如图 1-1-13 所示。

图 1-1-13　可调整式钣金锉刀

6. 钣金剪刀

钣金剪刀有平剪（见图 1-1-14）和弯剪（见图 1-1-15）两种，主要用于根据需要剪裁各种薄金属板料。

图 1-1-14　平剪　　　　　　　　　　　　图 1-1-15　弯剪

7. 划针与划规

划针是用于在金属板料上划线的基本工具，如图 1-1-16 所示。常用的划针是在直径为 6～8mm 的弹簧钢丝的一端焊上条形硬质合金刀头后磨尖制成的，也有的划针是将高速钢锻打拔长、磨尖或直接用弹簧钢丝磨尖淬火制成的。弯头划针用于直划针划不到的地方。在用划针划线时，要用钢尺量度，划针尖应沿着钢尺的底边运动并始终紧贴着钢尺。

划规也称为量规，如图 1-1-17 所示，主要用于绘制边缘线，能够沿着钣金件边缘绘制等距离的引线。划规由中碳钢或工具钢制成，拉丝钢线的尖端经过硬化和抛丸处理，非常锋利，类似于拉丝针。

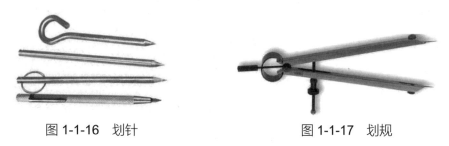

图 1-1-16　划针　　　　　　　　图 1-1-17　划规

三、汽车车身维修钳工基础

1．划线

用划线工具在工件上划出加工界线或作为基准的点、线的操作过程叫作划线。划线前应先读懂图纸，并确定工件表面上必须划出的线的尺寸与位置要求等。

2．线錾打制

使用手锤、线錾和钢制平板进行线錾打制操作。进行线錾打制操作有两种握锤方法，即紧握法和松握法，如图 1-1-18 所示。无论采用哪种握锤方法，手到锤柄的末端都要留出 15～30mm 的长度。

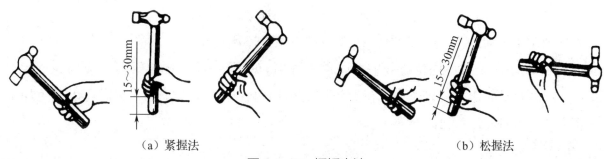

（a）紧握法　　　　　　　　　　　　　（b）松握法

图 1-1-18　握锤方法

挥锤可分为腕挥、肘挥和臂挥三种方式，如图 1-1-19 所示。其中，腕挥敲击时只运动手腕，敲击力度比较小，多用于刻浅线；肘挥敲击时手腕和肘一起运动，敲击力度较前者增大，适用于刻折弯线；臂挥敲击时手腕、肘和臂一起运动，敲击力度最大，但在操作中使用的机会不多。

3．锉削

锉削所使用的主要工具是锉刀。锉刀按断面形状不同可分为普通锉刀（如扁锉、方锉、圆锉、三角锉等）和特种锉刀（刀口锉、菱形锉、扁三角锉、椭圆锉、整形锉和柔性锉等）两大类。粗加工时选用粗锉、半细锉；精加工时选用细锉、最细锉和整形锉。加工软金属或非金属材料时不宜使用细齿锉。所选锉刀的断面应与工件的锉削面相符。

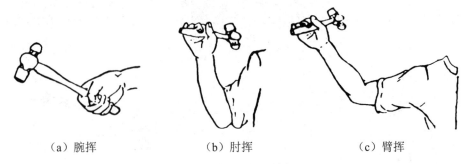

（a）腕挥　　　　　　（b）肘挥　　　　　　（c）臂挥

图 1-1-19　挥锤方式

（1）锉削平面的基本操作。

向前推锉刀时要适当用力向下压，向后拉锉刀时要放松并且不得回拉锉削（应将锉刀抬离工件）；运锉过程要平稳、不摆，运锉方向要更迭交叉，以免锉削加工形成的表面凹凸不平；运锉速度不要太快，并且要一边锉削、一边观察，以保证锉削质量。锉削平面的基本操作如图 1-1-20 所示。

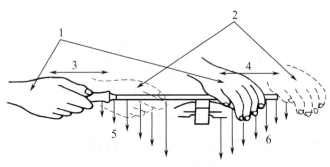

图 1-1-20　锉削平面的基本操作

（2）锉削有形状与位置公差要求的平面。

在锉削有形状与位置公差要求的平面时，除按锉削平面的要求操作以外，还要注意以下两点。

① 在锉削前要划定锉削基准，在锉削过程中要不断用量具进行检查、测量。

② 在锉削两个有不同位置公差要求的平面时，按照先易后难的原则，选定一个便于加工和测量的平面作为锉削基准，待其锉削合格后再锉削另一个平面，这样可以避免加工误差过大，从而保证锉削质量。

4．钻削

汽车车身维修除个别情况下使用钻床以外，主要使用的工具是手提式电钻和风钻，所用刃具以麻花钻头为主。为了便于钻削车身构件的焊点，一般要将普通钻头磨削成如图 1-1-21（a）所示的形状。此外，也常用如图 1-1-21（b）所示的钻孔器作为专门的刃具。

在钻削前先用实心冲冲出定位孔。当钻孔直径超过 12mm 时，还应先用小直径的钻头将定位孔钻出，然后用合适的钻头钻削。在钻削过程中，刃具同时完成两个运动，即绕本身轴线旋转的连续切削运动和沿轴线向下的进给运动。刃具对金属的切削作用会使刃具发热，过热将使刃具失去应有的硬度。因此，在钻削深孔或进行连续钻削作业时，可用肥皂水、矿物油、切削液等对刃具进行冷却。同时要注意，在钻削刚结束时，不要立即用手拿取工件，以免烫伤。

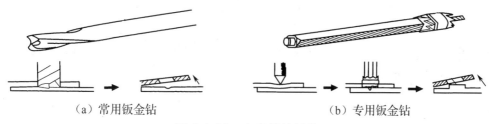

（a）常用钣金钻　　　　　　　　　　　（b）专用钣金钻

图 1-1-21　车身维修钻头

四、汽车车身钣金维修常用的金属材料

汽车车身钣金维修常用的金属材料包括板材和型材，其按成分不同可分为低碳钢、低合金钢、不锈钢、铜及铜合金、铝及铝合金等；按断面形状不同可分为钢板、钢管、型钢和钢丝等，其中钢丝用得较少。

1．黑色金属钢板

黑色金属钢板按性质不同可分为普通薄钢板、优质薄钢板和镀层薄钢板三种；按轧制方法不同可分为热轧钢板和冷轧钢板两种；按厚度不同可分为厚钢板和薄钢板两种。在汽车车身钣金维修中，薄钢板用得较多。

2．有色金属板材

有色金属板材是指除钢、铁材料以外的其他金属及其合金板材，其外观大多具有不同色泽，物理、化学性能各不相同，可满足某些特殊的要求。有色金属板材与黑色金属钢板一样，都是制作汽车车身钣金件不可缺少的重要金属材料。有色金属板材的种类较多，在汽车车身钣金维修中用得较多的是铜材和铝材。

3．钢管

钢管分为无缝钢管和有缝钢管两大类。

（1）无缝钢管。

无缝钢管由整块金属轧制而成，断面上无接缝。无缝钢管按生产方法不同可分为热轧钢管、冷轧钢管和挤压钢管；按断面形状不同可分为圆形钢管和异形钢管（其中异形钢管的断面有方形、椭圆形、三角形、星形和带翅管形等各种复杂形状）；按壁厚不同可分为厚壁钢管和薄壁钢管；等等。无缝钢管主要用于高精度构件，其材料有碳素结构钢、优质碳素结构钢和合金结构钢等。

（2）有缝钢管。

有缝钢管又称焊接钢管，用钢带成型后焊接而成，有镀锌管和不镀锌管两种。镀锌管又称白铁管，不镀锌管又称黑铁管。镀锌管因外表面镀有锌，可以防止生锈，故常用作水管，不镀锌管常用于普通低压或无压力的管道系统。

4．型钢

型钢的种类很多，按断面形状不同可分为简单断面型钢和复杂断面型钢。简单断面型钢有圆钢、方钢、六角钢、扁钢和角钢；复杂断面型钢有槽钢、工字钢。

 任务流程

一、工具、设备及辅料准备

本任务所需的主要工具、设备及辅料如表 1-1-1 所示。

表 1-1-1　本任务所需的主要工具、设备及辅料

类型	名称	图示	类型	名称	图示
防护工具	纱手套	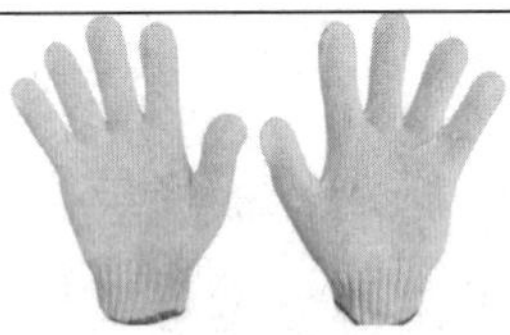	作业工具	气动钻	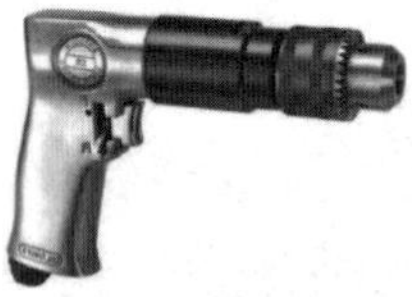
	护目镜			锉刀	
	降噪耳罩			木锤	
	防尘口罩	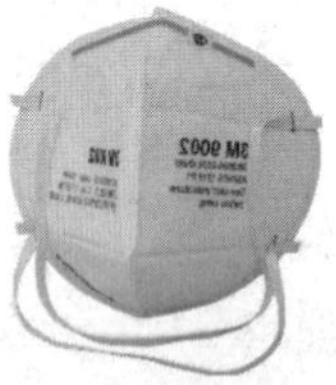		钣金剪刀	
作业工具	划针	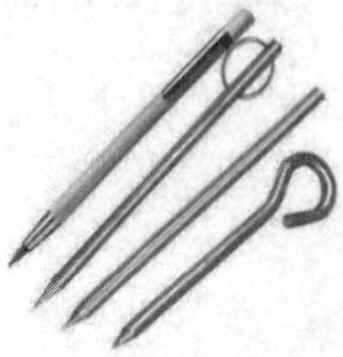		气动打磨机	
	钣金维修工具	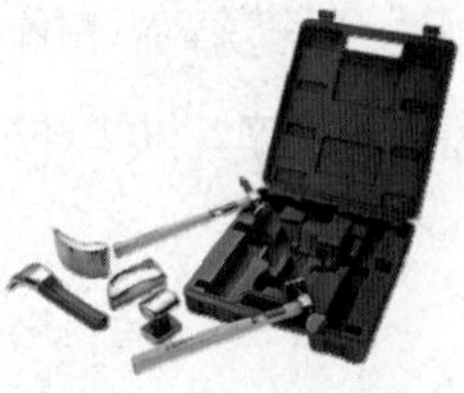		线錾	

二、操作方法及步骤

本任务的操作方法及步骤/技术规范及要求如表 1-1-2 所示。

表 1-1-2　本任务的操作方法及步骤/技术规范及要求

作业内容及图示	操作方法及步骤/技术规范及要求
穿戴防护用品 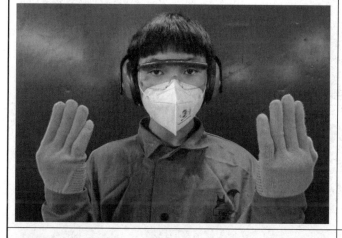	正确穿戴工作服、手套、口罩、护目镜、耳罩等防护用品
检查材料 	（1）检查需要加工的板材尺寸是否符合要求。 （2）检查需要加工的板材厚度是否适合手工剪切。 （3）检查需要加工的板材金属材质是否符合要求
划轮廓线 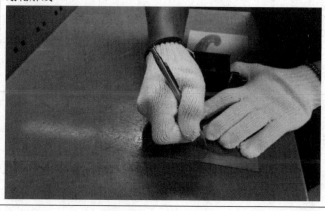	沿着曲线板边缘在厚度为 1mm 的钢板上用划针划出相应的轮廓线（划线时需要使用强力磁铁或大力钳令曲线板与钢板贴合且固定不能移动，以减小划线误差）

作业内容及图示	操作方法及步骤/技术规范及要求
试进行线錾打制 	（1）使用新的线錾进行线錾打制，在敲击过程中要观察凿痕边缘是否出现毛边。 （2）出现毛边表示刃口接触区域过大，需要将接触区域过大的刃口位置标记出来，并进行修整或切割（线錾打制需要在橡胶垫上进行）
修整线錾（一） 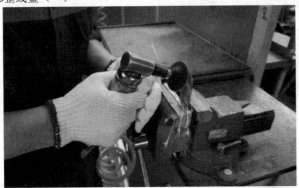	（1）根据刃口状况进行打磨，并进行圆弧修磨。 （2）打磨时间不可过长，否则容易使线錾过热产生退火，刚性下降。如果操作人员无法把握温度，则建议全程使用锉刀修磨
修整线錾（二） 	（1）将刃口弧面大致打磨出来后，需要使用锉刀精修刃口宽度。 （2）如果能够熟练操作打磨机，则建议使用打磨机修整，以提高效率
打磨修正并调整刃口厚度 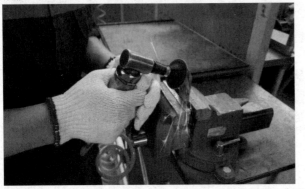	初步锉削的刃口比较宽且粗糙，但已经接近目标要求，此时可以借助打磨机对刃口进行打磨，消除锉刀锉削痕迹，同时微调刃口厚度（建议使用60#～80#砂纸进行打磨）

续表

作业内容及图示	操作方法及步骤/技术规范及要求
细砂纸打磨 	将砂纸放置在平台上进行线錾的打磨，同时调整最终线錾的厚度，一般控制在 1mm 左右（建议使用800#～1200#砂纸进行打磨）
检查线錾修正效果 	（1）表面应该均匀、平滑，无锈迹、裂纹或凹凸不平的现象。 　（2）线錾刃口应该锋利、平直，无缺口或毛刺，同时刃口角度和边缘曲线也要合理
测试线錾打制效果 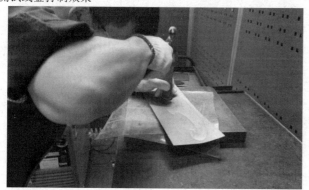	（1）用曲线錾打制凿痕棱线，观察打制出的凿痕棱线转弯处是否出现毛边。 　（2）如果凿痕棱线与绘制的轮廓线不贴合且凿痕宽窄不符合要求，则重复利用上述方法继续修磨调整
检测线錾打制效果 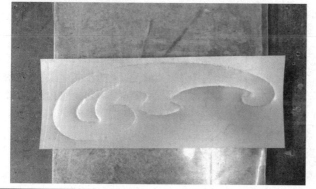	打制完成后采用观察法或对比法检测打制误差，做好标记，以便于后续加工的修正

续表

作业内容及图示	操作方法及步骤/技术规范及要求
剪切金属板料 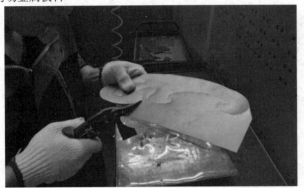	（1）根据需要剪切的金属板料厚度选择合适的钣金剪刀。 （2）右手握住钣金剪刀，左手持料，按照标记线进行剪切。剪切时要注意保持剪切方向与金属板料垂直，避免倾斜，同时要注意保持钣金剪刀与金属板料之间的距离稳定
钻孔前的准备 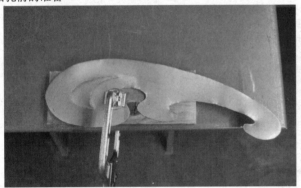	（1）对于内孔的剪切，需要先在金属板料上钻几个工艺孔，再用弯剪采用螺旋线方式将工艺孔逐渐扩大至剪切线，剪切大的内孔。 （2）在钻工艺孔前应先将工件固定，以防止在钻孔时发生安全事故，可以使用大力钳将需要钻孔的工件固定在木板上
钻孔 	（1）先用钢板尺与记号笔确定工艺孔的位置，然后将钻头对准去除范围并钻孔。 （2）钻孔时应使划线工件表面与钻头垂直。 （3）启动气动钻，待钻头旋转平稳后，先钻一个浅坑，以检验钻头是否对准去除范围
内孔剪切 	把钣金剪刀穿到孔里依次沿边缘轮廓线进行粗剪切。在使用钣金剪刀时建议握持末端，因为握持末端更加省力，并且能有效剪切金属板料。粗剪切时根据需要可使用各式钣金剪刀

续表

作业内容及图示	操作方法及步骤/技术规范及要求
变形处理 	由于粗剪切完成后板面产生的不规则变形可能会影响后续剪切工作，因此建议使用木锤将板面敲击整平后再进行精剪切
毛刺处理 	初加工完成后使用半圆锉刀或毛刺刮刀修磨，以去除边缘毛刺，让切口更贴近轮廓线（在锉削过程中需要多次与模板对比，以判定锉削余量）
检测 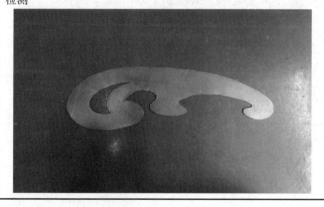	（1）检测板面的平整度。若不平，则可使用木锤或通用顶铁进行加工矫正。 　（2）与标准曲线规的轮廓线进行对比（检测完成后，将线錾涂油后保存，以防止生锈，尤其是刃口部分，每次使用后都需要进行涂油维护）

评价与反馈

　　请结合本小组制订的计划，完成曲线规的制作任务，记录在制作过程中遇到的问题并查找解决方法。记录员根据操作员的操作过程和制作质量进行评分，具体评分细则如表 1-1-3 和表 1-1-4 所示。

表 1-1-3　操作过程评分表

序号	评分项目	配分	评分细则描述	扣分及细节描述	实际得分
1	安全防护	10	未正确穿戴工作服、安全鞋，或者未视情况适时穿戴手套、口罩、护目镜、耳罩等，每项扣2分		
2	绘图	10	在操作过程中工具或量具掉落，每件扣1分		
			绘图不规范、不准确，关键数据超差>1mm，每个扣1分		
3	手动工具的制作	15	在操作过程中工具或量具掉落，每件扣1分		
			工具使用不规范（如用修整锤敲击打样冲、线錾，以锤击锤，在台虎钳钳口上敲击钢板等），每件扣1分		
			未在橡胶垫上首次打制，扣5分		
4	6S 整理	5	操作完成后未清洁设备、工具或量具、场地，设备、工具或量具未归位，每项扣1分		
5	分值合计	40		总得分：	

表 1-1-4　制作质量评分表

序号	评分项目	配分	评分细则描述	扣分及细节描述	实际得分
1	外观与尺寸	60	未按要求的轮廓线形进行线錾打制，扣40分；轮廓面反向，扣50分		
			与标准曲线规的轮廓线进行对比，差值>1mm，每段（每10mm为1段）扣2分		
			工件的轮廓线有毛刺，每处扣2分		
			工件120mm尺寸超差>1mm，每处（每10mm为1处）扣2分		
			工件平面翘曲>2mm，每侧扣5分		
			工件平面存在明显敲击痕迹，每处扣2分		
			钢板破裂，每处（每5mm为1处）扣3分		
2	分值合计	60		总得分：	

知识巩固

一、判断题

1. 无缝钢管由整块金属轧制而成，断面上无接缝。　　　　　　　　（　　）

2. 有色金属板材是指除黑色金属以外的其他金属及其合金板材。　　（　　）

3. 在钻削前必须先用实心冲冲出定位孔。　　　　　　　　　　　　（　　）

4. 在汽车车身维修工作中，操作人员必须穿戴好必要的防护用品，做好个人防护。

（　　）

5. 挥捶可分为腕挥、肘挥和臂挥三种方式，其中腕挥敲击时只运动手腕，敲击力度比较大。（　　）

6. 镀锌管可以防止生锈，常用作水管。（　　）

7. 汽车车身钣金维修人员在进行敲击、钻孔、磨削和切削等工作时，要求佩戴防护眼镜、风镜、面罩、头盔等眼睛和面部的保护装置。（　　）

8. 保持良好的职业习惯，应将所有的零件和工具放在就近随手能拿到的位置。（　　）

二、选择题

1. 车身线条的顺畅度可以决定（　　）以上维修后的美观度。

A．90%　　　　　B．80%　　　　　C．70%　　　　　D．60%

2. 黑色金属钢板按性质不同可分为普通薄钢板、优质薄钢板和（　　）三种。

A．碳纤维钢板　　　　　　B．高强度玻璃钢板

C．不锈钢板　　　　　　　D．镀层薄钢板

3. 手动工具应保持清洁和良好的工作状况，使用完毕和收拾前应将其（　　）。

A．扔进垃圾桶　　　　　　B．擦拭干净

C．放到汽油桶内除油　　　D．放回工具车或原位

4. 汽车车身钣金维修常用的金属材料包括板材和型材，其按断面形状不同可分为钢板、钢管、型钢和（　　）等。

A．钢丝　　　B．钢筋　　　C．钢网　　　D．方钢

5. 在锉削前要划定（　　），在锉削过程中要不断用量具进行检查、测量。

A．锉削范围　　　　　　　B．锉削标准

C．锉削范畴　　　　　　　D．锉削基准

任务2　收纳盒的制作

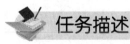 任务描述

本任务以手工制作金属收纳盒（见图 1-2-1）为例，介绍钣金手动工具的正确使用方法及钣金工艺在实际制作产品时的重要性。根据下列展开图，利用线錾在放样冷轧钢板上錾出相应的图形并制作出符合图纸尺寸要求的产品，如图 1-2-1 所示。

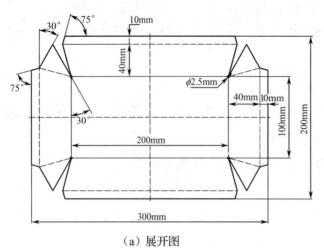

（a）展开图 　　　　　　　　　　　　　　　（b）成品

图 1-2-1　金属收纳盒

 知识目标

1. 了解钣金工艺。

2. 了解钣金材料。

3. 了解钣金展开计算方法。

 技能目标

1. 掌握手工折弯的操作方法。

2. 能绘制钣金展开图。

3. 能正确使用相关量具进行检查、测量。

 素质目标

1. 培养爱岗敬业的职业道德。

2. 养成良好的工作习惯和安全意识。

3. 培养独立分析、解决问题的能力。

▶ **相关知识**

一、钣金工艺简介

钣金工艺至今尚未有一个比较完整的定义，根据国外某专业期刊上的一则定义，钣金工艺是针对金属薄板（通常厚度在 6mm 以下）的一种综合冷加工工艺，包括剪、冲/切/复合、折、焊接、铆接、拼接、成型（如汽车车身成型）等工艺。钣金工艺的显著特征是同一零件厚度一致，用于对钢板、铝板、铜板等金属板材进行加工。

二、钣金识图基本知识

1．钣金制图简介

钣金制图属于机械制图的范畴。钣金制图是用图样确切表示钣金件的结构形状、尺寸大小、工作原理和技术要求的学科。图样由图形、符号、文字和数字等组成，是表达设计意图和制造要求及交流经验的技术文件，常被称为工程界的语言。在钣金制图标准中规定的项目有图纸幅面及格式、比例、字体和图线等。在图纸幅面及格式项目中规定了图纸标准幅面的大小和图纸中图框的相应尺寸。比例是指图样中的尺寸与工件实际尺寸的比例，除用 1∶1 的比例绘图以外，只允许用标准中规定的缩小比例和放大比例绘图。我国规定汉字必须以长仿宋体书写，字母和数字按规定的结构书写。图线规定了 8 种规格，如用于绘制可见轮廓线的粗实线、用于绘制不可见轮廓线的虚线、用于绘制轴线与对称中心线的细点画线、用于绘制尺寸线与剖面线的细实线等。

视图是按正投影法将物体向投影面投影得到的图形。按投影方向和相应投影面的位置不同，视图可分为主视图、俯视图和左视图等。

2．三视图简介

三视图是观测者从 3 个不同方向观察同一个物体绘制出的图形。将观测者的视线规定为平行投影线，正对着物体看过去，将所见物体的轮廓用正投影法绘制出来，绘制出的图形称为视图。一个物体有 6 个视图：视线从物体的前面向后面投射所得视图称为主视图（能反映物体的前面形状），视线从物体的上面向下面投射所得视图称为俯视图（能反映物体的上面形状），视线从物体的左面向右面投射所得视图称为左视图（能反映物体的左面形状），另外 3 个视图不常用，在此不进行介绍。三视图是主视图、俯视图、左视图的总称。一个视图只能反映物体一个方位的形状，而不能完整反映物体的结构形状。三视图是视线从 3 个不同方向对同一个物体进行投射的结果，再加上剖面图、半剖面图等作为辅助，基本上能完整地反映物体的结构形状。三视图的投影规则：主视图、俯视图长对正，主视图、左视图高平齐，左视图、俯视图宽相等。

三、钣金展开计算

1．计算原理

板料在弯曲过程中，外层受到拉应力，内层受到压应力，中间有一个既不受拉应力又不受压应力的过渡层，称为中性层。因为中性层在弯曲过程中的长度和弯曲前一样，保持不变，所以中性层是计算弯曲件展开长度的基准。中性层位置与变形程度有关，当弯曲半

径较大、折弯角度较小时，变形程度较小，中性层位置靠近板料厚度的中心处；当弯曲半径变小、折弯角度增大时，变形程度随之增大，中性层位置逐渐向弯曲中心的内侧移动。

2．计算方法

钣金展开的计算方法有很多，本任务采用的是比较简单且实用的折弯扣除法。基本计算公式为展开长度=料外 A+料外 B-展开系数 K，其中 K 可通过查表得到。板料折弯计算公式如表 1-2-1 所示，钢板、铝板、铜板、直边段差展开系数表如表 1-2-2～表 1-2-5 所示。

表 1-2-1　板料折弯计算公式

折弯类型	示意图	计算公式
直角折弯		展开长度=A+B-K
非直角折弯		展开长度=A+B-(θ/90°)K
圆弧折弯（$R/T>5$）		展开长度=$(A-R-T)+(B-R-T)+3.14\theta(R+0.5T)/180°$
压死边		展开长度=A+B-0.43T
直边段差（Z 折）		（1）当 $H\geqslant5T$ 时，分两次成型，按两次直角折弯计算。 （2）当 $H<5T$ 时，一次成型，$L=A+B+K$
斜边段差（Z 折）		（1）当 $H<2T$ 时，若 $\theta\leqslant70°$，则 $L=A+B+C+0.2$；若 $\theta>70°$，则 $L=A+B+K$。 （2）当 $H\geqslant2T$ 时，分两次成型，按两次非直角折弯计算

表 1-2-2　钢板展开系数表

单位：mm

T	0.8	1.0	1.2	1.5	2.0	2.5	3.0
K（冷板）	1.5	1.8	2.1	2.6	3.4	4.5	5.4
K（不锈钢板）	1.4	1.9	2.3	2.87	3.75		

表 1-2-3　铝板展开系数表

单位：mm

T	0.5	1.0	1.2	1.5	2.0	2.5	3.0
K	0.8	1.5	1.7	2.3	3.2	4.0	5.0

表 1-2-4　铜板展开系数表

单位：mm

T	1.0	1.5	2.0	2.5	3.0	4.0	5.0	6.0	8.0	10.0
K	1.8	2.6	3.5	4.4	4.8	6.5	8.0	9.5	12.5	16

表 1-2-5　直边段差展开系数表

单位：mm

H	T							
	0.5	0.8	1.0	1.2	1.5	1.6	2.0	3.2
0.5	0.1							
0.8	0.2	0.1	0.1					
1.0	0.5	0.2	0.2	0.2	0.2	0.2		
1.5	1.0	0.7	0.5	0.3	0.3	0.3	0.3	0.2
2.0	1.5	1.2	1.0	0.8	0.5	0.4	0.4	0.3
2.5	2.0	1.7	1.5	1.3	1.0	0.9	0.5	0.4
3.0	2.5	2.2	2.0	1.8	1.5	1.4	1.0	0.5
3.5		2.7	2.5	2.3	2.0	1.9	1.5	0.6
4.0		3.2	3.0	2.8	2.5	2.4	2.0	0.8
4.5		3.7	3.5	3.3	3.0	2.9	2.5	1.3
5.0			4.0	3.8	3.5	3.4	3.0	1.8

3．常用数学知识

在中国，长度的基本单位为米（m），其换算关系为

$$1 \text{ 米（m）}=100 \text{ 厘米（cm）}$$

$$1 \text{ 厘米（cm）}=10 \text{ 毫米（mm）}$$

$$1 \text{ 毫米（mm）}=1000 \text{ 微米（μm）}$$

英国、美国等国家使用英制长度单位，其换算关系为

$$1 \text{ 英尺（ft）}=12 \text{ 英寸（in）}$$

英寸与毫米的换算关系为

$$1 \text{ 英寸（in）}=25.4 \text{ 毫米（mm）}$$

四、钣金划线基础

用划线工具在工件上划出加工界线或作为基准的点、线的操作过程叫作划线。划线前应先读懂图纸，并确定工件表面上必须划出的线的尺寸与位置要求等。

1．垂直线的划法

垂直线一般有两种划法，即中垂线法和定点法。

（1）中垂线法。如图 1-2-2 所示，先以直线 AB 上的任意一点 C 为圆心，以任意长 R

为半径划弧，与直线交于 F、E 两点；再分别以 F、E 为圆心，以 r（$r>R$）为半径划弧，两弧交于 D 点，连接 D、C 两点的直线即直线 AB 的垂直线。

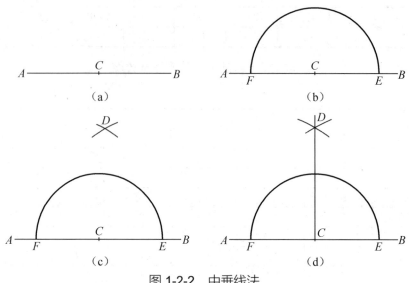

图 1-2-2　中垂线法

（2）定点法。如图 1-2-3 所示，先以直线 AB 上的 B 点为圆心，以任意长 R（$R>AB$ 总长的一半）为半径划弧；再以直线 AB 上的 A 点为圆心，以 R 为半径划弧，两弧交于 C、D 两点，连接 C、D 两点的直线即直线 AB 的垂直平分线。

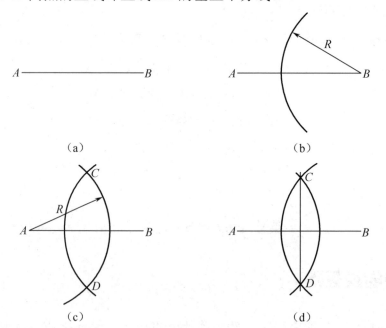

图 1-2-3　定点法

2．平行线的划法

平行线一般有两种划法，即切线法和距离法。

（1）切线法。如图 1-2-4 所示，先在已知直线上任意取两点 1、2，分别以这两点为圆心，以 L 为半径划弧；再划外弧上的两公切线 34，直线 34 与直线 12 平行且距离为 L。

（2）距离法。如图 1-2-5 所示，先在已知直线上任意取两点 1、2，过 1、2 两点分别划已知直线的垂直线；再在同侧垂直线上取长度等于 L 的直线段 14 和 23，连接 3、4 两点的直线 34 与直线 12 平行且距离为 L。

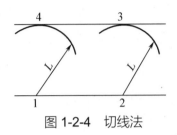 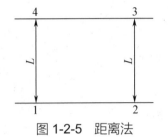

图 1-2-4　切线法　　　　　　　　　图 1-2-5　距离法

3. 直线段的等分划法

以五等分已知直线段 AB 为例（见图 1-2-6），先过 A 点划一条射线并从 A 点起依次截取等长线段 $A1$、12、23、34、45；再连接 5、B 两点并过 1、2、3、4 点分别划直线段 $5B$ 的平行线，与直线段 AB 分别相交于 $1'$、$2'$、$3'$、$4'$点，$1'$、$2'$、$3'$、$4'$点就将已知直线段 AB 分成了五等份。

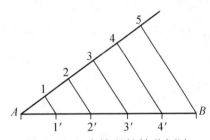

图 1-2-6　直线段的等分划法

4. 角平分线的划法

如图 1-2-7 所示，先以 O 点为圆心，以任意长为半径划弧，与 OA 边交于 2 点，与 OB 边交于 1 点；再分别以 1、2 两点为圆心，以任意长为半径划弧，两弧交于 3 点，连接 O、3 两点的直线 $O3$ 就是 $\angle AOB$ 的角平分线。

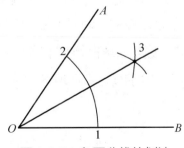

图 1-2-7　角平分线的划法

5．等分圆弧的划法

等分圆弧有两种情况：一是将圆弧等分为偶数等份；二是将圆弧等分为奇数等份。前者采用平分弦法，后者采用渐近法，如图 1-2-8 所示。

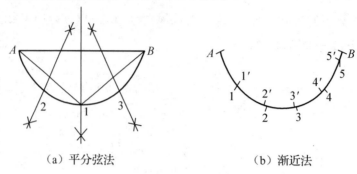

（a）平分弦法　　　　　　　（b）渐近法

图 1-2-8　等分圆弧

五、钣金材料介绍

1．冷轧普通薄钢板

冷轧普通薄钢板是指普通碳素结构钢冷轧钢板，简称冷板。它是由普通碳素结构钢热轧钢板经过进一步冷轧制成的厚度小于 4mm 的钢板，由于在常温下轧制，不产生氧化皮，因此表面质量好、尺寸精度高，再加上退火处理，其机械性能和工艺性能良好，是钣金加工最常用的一种金属材料。常用牌号：国标（GB）有 Q195、Q215、Q235、Q275，日标（JIS）有 SPCC、SPCD、SPCE。

2．连续电镀锌薄钢板

连续电镀锌薄钢板俗称电解板，是指在电镀锌作业线上，在电场作用下，锌从锌盐的水溶液中沉积到预先准备好的钢板表面，钢板表面会产生一层镀锌层，使钢板具有良好的耐腐蚀性。常用牌号：国标（GB）有 DX1、DX2、DX3、DX4，日标（JIS）有 SECC、SECD、SECE。

3．连续热镀锌薄钢板

连续热镀锌薄钢板一般简称镀锌板或白铁片，表面美观，有块状或树叶状镀锌结晶花纹，镀层牢固，具有优良的耐大气腐蚀性能，同时具有良好的焊接性能和冷加工成型性能。与连续电镀锌薄钢板相比，连续热镀锌薄钢板镀层较厚，主要用于要求耐腐蚀性较强的钣金件。常用牌号：国标（GB）有 Zn100-PT、Zn200-SC、Zn275-JY，日标（JIS）有 SGCC、SGCD1、SGCD2、SGCD3。

4．不锈钢

不锈钢是一种耐空气、蒸气、水等弱腐蚀介质和酸、碱、盐等化学浸蚀性介质腐蚀的钢，又称不锈耐酸钢。在实际应用中，常将耐弱腐蚀介质腐蚀的钢称为不锈钢，将耐化学浸蚀性介质腐蚀的钢称为耐酸钢。

5．铝合金

铝是一种银白色的轻金属，具有良好的导热性、导电性和延展性。纯铝强度很低，无法作为结构材料使用，钣金加工一般用到的是铝合金。根据合金元素含量不同，铝合金可以分为 8 个系列，分别为 1000～8000 系列，常用的有 2000 系列、3000 系列和 5000 系列。2000 系列是铜铝合金，其硬度较高，又称硬铝，可用作各种中等强度的零件和构件；3000 系列是锰铝合金，其防锈性能较好，又称防锈铝；5000 系列是镁铝合金，其主要特点是密度低、抗拉强度高、延伸率高，在相同面积下，镁铝合金的质量低于其他系列铝合金。

六、成型件的矫正

手工或机械成型的型材，在敲击、冲击载荷的作用下难免会产生变形，尺寸越大，其变形量越大。型材变形主要表现为弯曲、扭转和弯曲与扭转共存的综合性变形的三种类型。

1．"∟"形件的矫正

对于"∟"形件的弯曲变形，可以参照如图 1-2-9 所示的方法，通过轻轻锤击"∟"形件四个面上其中一点进行矫正。当工件较短时，可直接将工件置于平台上；当工作较长时，需要将一端垫起或使用中空的顶铁。锤击时应注意落点的选择，使凸起面朝上，从变形最大的部位开始矫正，注意不要锤击"∟"形件的平面，应依次锤击并不断检查，直到将工件矫正好为止。

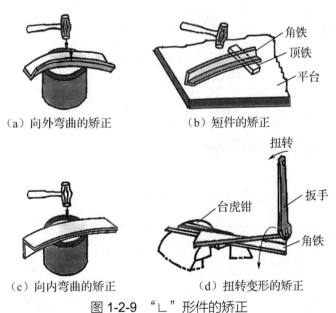

（a）向外弯曲的矫正　　（b）短件的矫正

（c）向内弯曲的矫正　　（d）扭转变形的矫正

图 1-2-9　"∟"形件的矫正

"∟"形件扭转变形的矫正比较简单，一般将工件的一端平面夹在台虎钳上，另一端用扳手卡住并向与变形方向相反的方向扭转，反复操作几次即可矫正其扭转变形。

车身上所用"∟"形件的壁厚往往较小，采用延伸弯曲一侧平面的方法，也可以得到比较好的矫正效果，如图 1-2-10 所示。

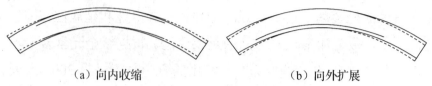

（a）向内收缩　　　　　　　　　　　（b）向外扩展

图 1-2-10　矫正弯边构件的曲度

2."匚"形件的矫正

对于"匚"形件的弯曲，可以参照如图 1-2-11 所示的方法，通过锤击"匚"形件四条边上的某些点进行矫正，操作手法与"∟"形件的矫正基本相似。

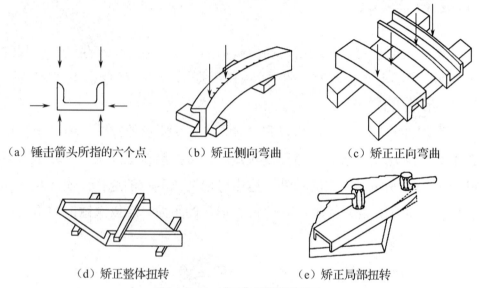

（a）锤击箭头所指的六个点　　　（b）矫正侧向弯曲　　　（c）矫正正向弯曲

（d）矫正整体扭转　　　　　　　　（e）矫正局部扭转

图 1-2-11　"匚"形件的矫正

 任务流程

一、工具、设备及辅料准备

本任务所需的主要工具、设备及辅料如表 1-2-6 所示。

表 1-2-6　本任务所需的主要工具、设备及辅料

类型	名称	图示	类型	名称	图示
防护工具	纱手套		防护工具	护目镜	

续表

类型	名称	图示	类型	名称	图示
防护工具	降噪耳罩		作业工具	木锤	
	防尘口罩	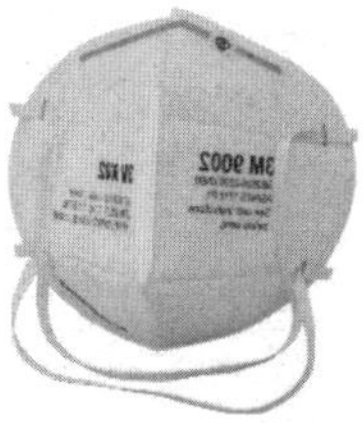		钣金剪刀	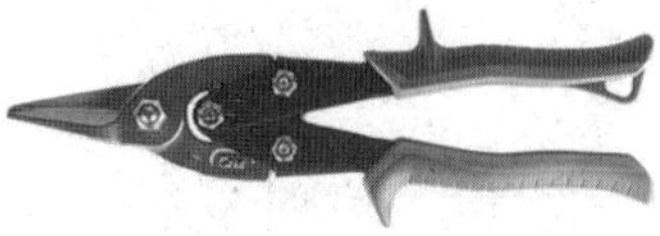
作业工具	钣金维修工具			划线工具	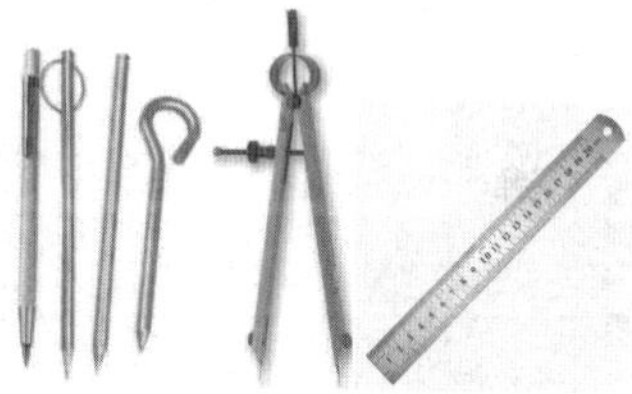
	磁力表座			线錾	
	锉刀				

二、操作方法及步骤

本任务的操作方法及步骤/技术规范及要求如表 1-2-7 所示。

汽车车身钣金整形修复 一体化教程

表 1-2-7　本任务的操作方法及步骤/技术规范及要求

作业内容及图示	操作方法及步骤/技术规范及要求
穿戴防护用品 	正确穿戴工作服、手套、口罩、护目镜、耳罩等防护用品
识图 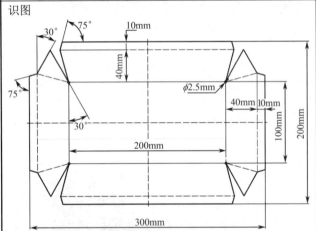	在图纸上按 1∶1 的比例绘制三视图,作为制作过程中测量形状的参考
绘制展开图 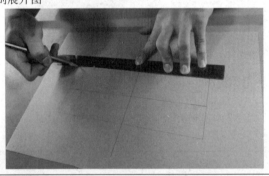	(1)根据图纸上标注的尺寸,在牛皮纸上绘制展开图。 (2)如果手工绘图不熟练,也可以使用 CAD 软件绘图,并打印
核查展开图 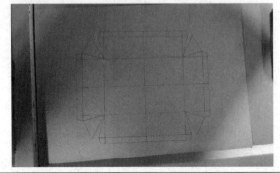	核查绘制的展开图是否有误,特别是角度是否存在误差,以及绘图方向是否正确

续表

作业内容及图示	操作方法及步骤/技术规范及要求
裁剪展开图 	根据三视图尺寸，将展开图绘制在板材上并进行裁剪
裁剪比对 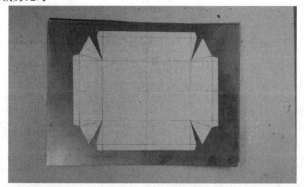	（1）将裁剪下来的展开图板与待加工工件进行尺寸比对并进行修整。 （2）确保待加工工件尺寸大于展开图板尺寸
划加工轮廓线 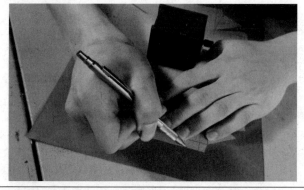	（1）沿着展开图板轮廓线使用划针划出加工轮廓线。 （2）展开图板需要使用强力磁铁或胶水固定在待加工工件上
核查待加工工件 	核查待加工工件上的划痕是否清晰、准确，是否存在加工余量

续表

作业内容及图示	操作方法及步骤/技术规范及要求
剪切掉多余材料 	（1）沿划出的加工轮廓线剪切掉多余材料。 （2）剪切时要注意选择正确的工具。 （3）尽量压着加工轮廓线进行剪切，不要留余量
整平 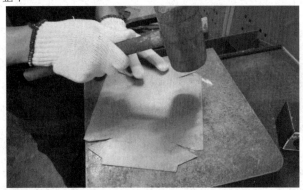	（1）使用木锤或钣金锤整平板面。 （2）建议优先使用木锤，以减少板面延展
毛刺处理 	（1）用半圆锉刀或毛刺刮刀修磨去除内缘毛刺。 （2）去除毛刺时尽量不要使用气动或电动打磨工具，以免破坏尺寸
补齐正面折弯线 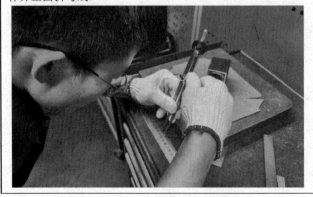	（1）通过划规或高度尺将未完成的正面折弯线补齐。 （2）若之前的剪切尺寸误差过大，则会影响正面折弯线的准确性

续表

作业内容及图示	操作方法及步骤/技术规范及要求
补齐反面折弯线 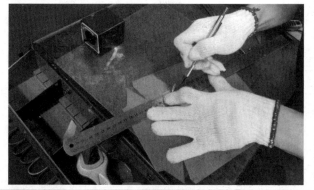	确认好反向折弯的方向，补齐反面折弯线
核查折弯线 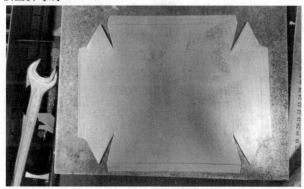	（1）核查折弯线的准确性。 （2）若折弯线误差过大，则可以用油漆笔填充，重新绘制
进行线錾打制前的准备 	（1）进行线錾打制前在平板上垫一层橡胶垫，这样打制出来的凿痕将更清晰。 （2）需要用强力磁铁把钣金件固定在平板上
线錾打制 	（1）先练习直线线錾打制。 （2）练习结束以后，使用曲线线錾在工件的折弯线处进行打制。 （3）注意折弯的方向

续表

作业内容及图示	操作方法及步骤/技术规范及要求
核查线錾打制效果 	核查线錾打制是否正确，打制方向是否有误
折边一 	（1）将 10mm 宽处的折弯线对齐平板的拐角边缘，使用木锤把工件预折边 30°。 （2）其余位置的折弯线可暂时不折边
折边二 	将材料紧靠平台边缘，使用木锤敲击将其折弯成 90°并修饰线条至平顺
折边三 	（1）将折好的 90°折弯线对齐台虎钳钳口，进行折边。 （2）在使用台虎钳夹持工件时最好使用角钢夹具，这样能让工件在被夹持时表面更加平整

作业内容及图示	操作方法及步骤/技术规范及要求
核查折边效果 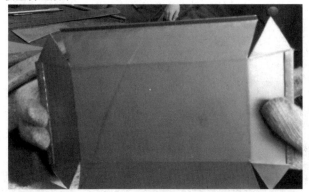	（1）核查折边效果，如是否平齐、方向是否正确。 （2）长边预留的 10mm 边缘无须折到位，后续将与拐角三角形重叠配合
折边四 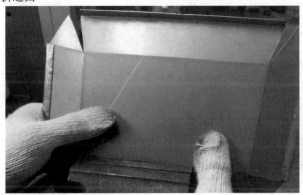	（1）折内部长边，使用台虎钳大致折到 45°角处。只需要将工件折弯线对齐台虎钳钳口，用手按压折边即可，要尽量少使用木锤或钣金锤等工具进行折边。 （2）在折边时需要分段、分多次折，不能一次折到位，以免将工件折扭曲
折边五 	（1）折内部短边，使用台虎钳大致折到 45°角处。只需要将工件折弯线对齐台虎钳钳口，用手按压折边即可，要尽量少使用木锤或钣金锤等工具进行折边。 （2）在折边时可以一次折到位
拐角折边 	（1）拐角折边时需要找到相应的顶铁与台虎钳配合夹持。 （2）先用手将拐角三角形处按压至接近贴合面，再使用钣金锤将拐角折弯线敲实

作业内容及图示	操作方法及步骤/技术规范及要求
折边六 	将长边预留的 10mm 边缘与拐角三角形重叠配合，使收纳盒更加牢固、稳定
折边七 	（1）将整条长边折叠。 （2）折叠时要注意上平面的平整，建议使用台虎钳的夹持力来进行折边，使用木锤或钣金锤进行辅助修正
修整 	（1）去除边缘毛刺。 （2）修整各边的平直度、对角线的长度，以及上、下面的平面度
检测 	（1）用钢尺检测内圆尺寸是否符合要求。 （2）使用万能直角尺检测各角度是否符合要求

评价与反馈

请结合本小组制订的计划，完成收纳盒的制作任务，记录在制作过程中遇到的问题并查找解决方法。记录员根据操作员的操作过程和制作质量进行评分，具体评分细则如表 1-2-8 和表 1-2-9 所示。

表 1-2-8　操作过程评分表

序号	评分项目	配分	评分细则描述	扣分及细节描述	实际得分
1	安全防护	4	未正确穿戴工作服、安全鞋，或者未视情况适时穿戴手套、口罩、护目镜、耳罩等，每项扣 0.5 分		
2	绘图	5	在操作过程中工具或量具掉落，每件扣 0.5 分		
			绘图不规范、不准确，关键数据超差 >1mm，每个扣 0.5 分		
3	手动工具的制作	6	在操作过程中工具或量具掉落，每件扣 0.5 分		
			工具使用不规范（如用修整锤敲击打样冲、线錾，以锤击锤，在台虎钳钳口上敲击钢板等），每件扣 1 分		
			未在橡胶垫上首次打制，扣 2 分		
4	6S 整理	5	操作完成后未清洁设备、工具或量具、场地，设备、工具或量具未归位，每项扣 1 分		
5	分值合计	20		总得分：	

表 1-2-9　制作质量评分表

序号	评分项目	配分	评分细则描述	扣分及细节描述	实际得分
1	外观与尺寸	80	未按要求的轮廓线形折边，扣 40 分；轮廓面反向，扣 50 分		
			用标准工具检测工件的上平面外轮廓线尺寸，差值>1mm，每段（每 10mm 为 1 段）扣 1 分		
			工件平面高度<38mm，每处（每段轮廓线为 1 处）扣 4 分		
			工件 120mm 尺寸超差>1mm，每处（每 10mm 为 1 处）扣 2 分		
			工件 220mm 尺寸超差>1mm，每处（每 10mm 为 1 处）扣 2 分		
			工件斜坡与标准斜度间隙差>1mm，每处扣 5 分		
			工件折边 10mm 尺寸超差>1mm，每处（每 10mm 为 1 处）扣 2 分		
			拐角折边方向错误，每处扣 4 分		

续表

序号	评分项目	配分	评分细则描述	扣分及细节描述	实际得分
1	外观与尺寸	80	工件上、下平面翘曲>2mm，每侧扣5分		
			钢板破裂，每处（每5mm为1处）扣3分		
2	分值合计	80		总得分：	

知识巩固

一、判断题

1．在汽车车身维修操作中不要穿着过于宽松的衣服。　　　　　　　（　　　）

2．使用线錾打制折弯线时不需要佩戴护目镜。　　　　　　　　　　（　　　）

3．热轧钢板比冷轧钢板在整体车身结构上应用多。　　　　　　　　（　　　）

4．当金属板弯曲后，弯曲的位置会产生折损。　　　　　　　　　　（　　　）

5．一块平钢板弯曲后，弯曲处所有晶体的形状和位置都会改变。　　（　　　）

6．三视图是视线从3个不同方向对同一个物体进行投射的结果。　　（　　　）

7．本任务使用的是不锈钢板。　　　　　　　　　　　　　　　　　（　　　）

二、选择题

1．热轧钢板是在（　　　）。

A．600℃以上轧制的　　　　B．700℃以上轧制的　　　　C．800℃以上轧制的

2．工件变形后，弯曲部位的强度（　　　）。

A．升高　　　　　　　　　　B．不变　　　　　　　　　　C．降低

3．冷轧钢板的厚度一般是（　　　）。

A．0.4～1.4mm　　　　　　　B．1.6～2.6mm　　　　　　　C．2.6～3.6mm

4．使用钣金锤敲击时应垂直敲击，两个落点间的距离是（　　　）。

A．5mm　　　　　　　　　　B．10mm　　　　　　　　　　C．20mm

5．中性层在弯曲过程中的长度较弯曲前（　　　）。

A．一样　　　　　　　　　　B．偏上　　　　　　　　　　C．偏下

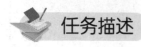 任务3　曲面笔筒的制作

任务描述

根据操作要求，使用包线制作、凸缘与缩缘制作、咬缝制作、线錾打制、二氧化碳气体保护焊等工艺完成曲面笔筒的制作，如图1-3-1所示。曲面笔筒的展开图如图1-3-2所示。

图 1-3-1　曲面笔筒

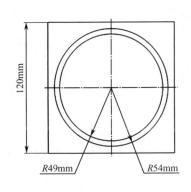

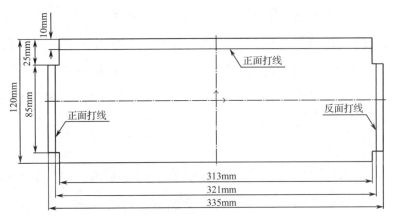

图 1-3-2　曲面笔筒的展开图

 知识目标

1. 了解角形弯折和弧形弯曲工艺。
2. 了解咬缝工艺。
3. 了解放边、收边与卷边工艺。

 技能目标

1. 掌握木锤配合顶铁敲击的技巧。
2. 掌握手工弧形弯曲的工艺过程。
3. 掌握放边、收边、卷边与咬缝的工艺过程。

 素质目标

1. 培养爱岗敬业的职业道德。
2. 养成良好的工作习惯和安全意识。
3. 培养独立分析、解决问题的能力。

 相关知识

在一定力的作用下，金属材料会产生塑性变形而不会被破坏，利用金属材料的这个特点，可将金属板料加工制成所需形状的车身钣金件。这个制作过程称为钣金成型，使用的工艺主要包括弯曲、拱曲、咬缝、制筋、放边、收边、卷边、拔缘等。

一、弯曲

弯曲主要分为角形弯折和弧形弯曲两种基本形式，该工艺的关键是划出正确的曲线和弯折时的位置直线，即折弯线，操作时要确保弯曲角度的准确性。

弯曲过程主要分为划线、弯曲和矫正。矫正时可用平面锤和扁冲整平、校正折弯线。在汽车车身维修中常用专用弯边器（或称弯边钳）来弯边成型，比用其他工具更加方便、快捷。

1. 角形弯折

板料在进行角形弯折后会出现平直的棱角。弯折前，要根据零件形状划线、下料，并在弯折处划出折弯线，一般折弯线划在折角内侧。

如果零件尺寸不大，则弯折工作可在台虎钳上进行。将板料夹持在台虎钳上，使折弯线恰好与钳口衬铁对齐，并使夹持力度合适。当弯折板料在钳口以上较长的部位或板料较薄时，应用左手压住板料上部，用木锤在靠近折弯线的部位轻轻敲击，如图1-3-3（a）所示。如果敲击板料上方，则易使板料发生翘曲变形，如图1-3-3（b）所示。

当弯折板料在钳口以上较短的部位时，可用铁锤借助木垫或金属垫等辅助工具在靠近折弯线的部位轻轻敲击，如图1-3-4（a）所示。如果直接敲击板料，则易使板料发生扭曲变形，如图1-3-4（b）所示。

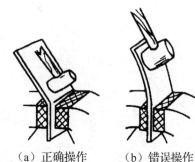

（a）正确操作　　（b）错误操作

图1-3-3　弯折板料在钳口以上较长的部位

（a）正确操作　　（b）错误操作

图1-3-4　弯折板料在钳口以上较短的部位

（1）弯折"Z"形件。弯折"Z"形件的操作顺序如图1-3-5所示。依划线夹持板料，先弯折a角，然后将衬垫垫到a角处，弯折b角。

 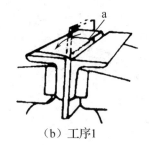 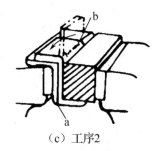

（a）零件　　　　　　　（b）工序1　　　　　　　（c）工序2

图 1-3-5 弯折 "Z" 形件的操作顺序

（2）弯折 "几" 形件。如图 1-3-6 所示，先弯折 a 角，然后借助衬垫弯折 b 角，最后弯折 c 角。弯折封闭盒子的方法与弯折 "几" 形件的方法大致相同，最后一步将工件夹在台虎钳上，使缺口朝上，向内弯折成型即可。

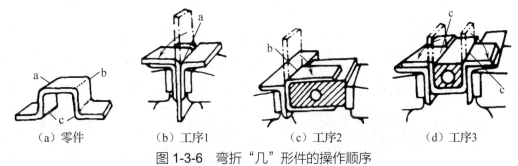

（a）零件　　　　（b）工序1　　　　（c）工序2　　　　（d）工序3

图 1-3-6 弯折 "几" 形件的操作顺序

2. 弧形弯曲

如图 1-3-7 所示，以圆柱面的弯曲为例，首先，在板料上划出若干与弯曲轴线平行的等分线，作为弯曲时的基准线；其次，用槽钢作为胎具，将板料从外端向内弯曲，弯曲到一定程度后移至铁砧上进行二次弯曲，直到钢板边缘接触时将接缝焊接几点；最后，将工件套在圆钢管上敲击成型，并将接缝焊牢。

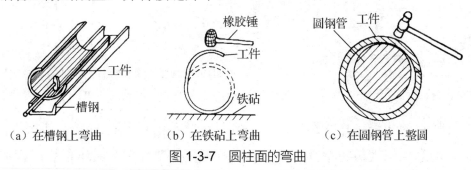

（a）在槽钢上弯曲　　　　（b）在铁砧上弯曲　　　　（c）在圆钢管上整圆

图 1-3-7 圆柱面的弯曲

3. 复杂形状工件的弯曲

如图 1-3-8 所示，用顶铁和手锤配合进行弯曲，一只手持顶铁在工件背面垫托，顶铁的边缘要对准折弯线，另一只手持手锤沿正面折弯线敲击，边敲击边移动顶铁，使工件边缘逐渐弯曲成型。

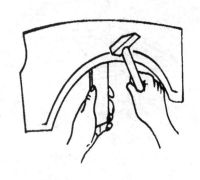

图 1-3-8　复杂形状工件的弯曲

二、拱曲

对板料进行"边收中放"，使其成为所需形状（如半球形、碟形等）的工艺叫作拱曲。拱曲的基本原理：使板料的边缘起皱向里收，将中部打薄向外延展，如此交替反复渐渐变形，使板料在不被撕裂的前提下成型为所需拱形件，如图 1-3-9 所示。拱曲有冷做法和热做法之分。汽车车身维修使用的是冷拱曲。

1. 用顶杆手工拱曲

用顶杆手工拱曲适用于拱曲度较大的工件。半球形工件的拱曲如图 1-3-10 所示，其操作要点如下。

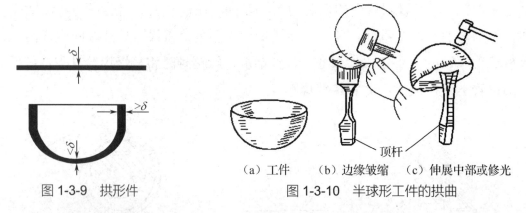

图 1-3-9　拱形件　　　　　　　　图 1-3-10　半球形工件的拱曲

（a）工件　　（b）边缘皱缩　　（c）伸展中部或修光

（1）先在坯件的边缘制作褶皱，然后在顶杆上将边缘的褶皱打平，使边缘向内弯曲，同时用木锤轻轻且均匀地敲击中部，使中部向外伸展。要注意，敲击位置应稍偏离承载点且敲击位置要准确，以免敲击出凹痕。

（2）敲击要轻且均匀，敲击点要稠密，边敲击边旋转坯件。根据目测随时调整敲击部位，使加工表面光滑、均匀，凸出的部位不能再敲击，否则会越敲越凸。

（3）敲击到坯件中心时要不断转动坯件，不能集中敲击一处，以免坯件中心伸展过多而凸起。依次收边敲击中部，并配合中间检查，直到达到要求为止。考虑到修光时会产生弹性回弹，一般拱曲度要稍大一些。

（4）用平面锤在圆顶杆上把拱曲成型的坯件修光，并按要求划线、切割、锉光边缘。在加工过程中，如果发现坯件由于冷却而硬化，则应及时进行退火处理，以防止坯件产生裂纹。

2．在胎模上手工拱曲

对于尺寸较大、拱曲度较小的工件，可以直接在胎模上手工拱曲，如图 1-3-11 所示，其操作要点如下。

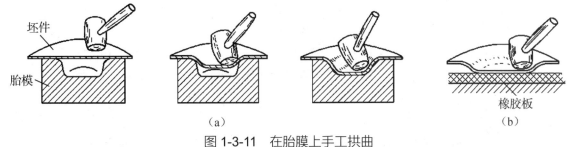

图 1-3-11　在胎膜上手工拱曲

（1）将坯件压紧在胎模上，用手锤从边缘开始逐渐向中部敲击，如图 1-3-11（a）所示。

（2）敲击应均匀，保持整个加工表面均匀伸展，形成凸起，并防止坯件被拉裂。为了使坯件伸展得快，在拱曲过程中可垫橡胶板、软木、沙袋等进行坯件伸展，如图 1-3-11（b）所示，这样做也可使坯件表面质量良好。

（3）在拱曲过程中，不要操之过急，应分几次使坯件逐渐下凹，直到坯件完全贴合胎膜为止，最后用平面锤在顶杆上修光局部凸痕。

（4）当在胎模上进行较深的拱曲时，随着敲击的进行，坯件的边缘将出现褶皱。此时应停止敲击中部，将坯件皱缩的边缘贴紧铁砧，敲平褶皱。在褶皱敲平后再继续对中部进行敲击拱曲。图 1-3-12 所示为敲击拱曲成型过程。

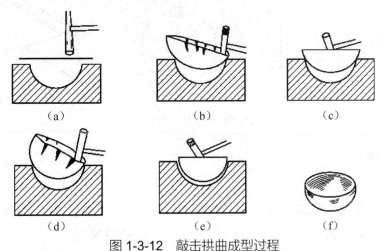

图 1-3-12　敲击拱曲成型过程

（5）对于精度要求不高、拱曲度不大的工件，可以在木墩上挖坑（见图 1-3-13）代替铁砧或在潮湿的土地上敲击拱曲成型。对于较小的钣金坯件，可以利用废轴承圈作为钢砧，用小手锤敲击拱曲成型。

图 1-3-13 在木墩上挖坑敲击拱曲成型

三、咬缝

咬缝是将两块板料分别制成榫形并扣合在一起的工艺，也叫咬接、咬口。许多车身钣金件都是采用咬缝附加点焊的方式连接的。咬缝从结构上可分为单咬缝、双咬缝和复合咬缝。咬缝的种类如图 1-3-14 和图 1-3-15 所示。车身钣金件（如车门、发动机罩等）上主要采用的是单咬缝。

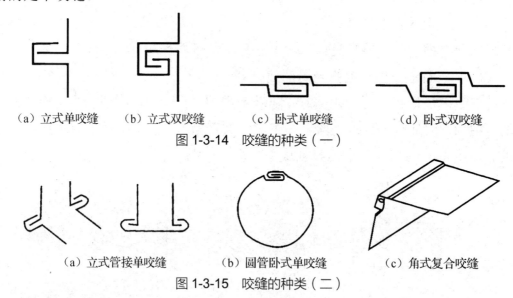

（a）立式单咬缝 （b）立式双咬缝 （c）卧式单咬缝 （d）卧式双咬缝

图 1-3-14 咬缝的种类（一）

（a）立式管接单咬缝 （b）圆管卧式单咬缝 （c）角式复合咬缝

图 1-3-15 咬缝的种类（二）

1. 咬缝余量

（1）咬缝宽度的确定。

以 S 表示咬缝宽度，若板厚小于 0.5mm，则 S 为 3～4mm；若板厚为 0.5～1mm，则 S 为 4～6mm；若板厚大于 1mm，则宜采用焊接而不宜采用咬缝。

（2）卧式咬缝的余量计算。

在图 1-3-16 中，a 为板Ⅰ的尺寸，a' 为板Ⅱ的尺寸。如图 1-3-16（a）所示，若 A 处在 S 段的中间，则板Ⅰ和板Ⅱ的余量 δ 相等（$\delta=1.5S$）；如图 1-3-16（b）所示，若 A 处于 S 段的右侧，则板Ⅰ的余量 $\delta=S$，而板Ⅱ的余量 $\delta=2S$；如图 1-3-16（c）所示，若为卧式双咬缝且 A 处于 S 段的右侧，则板Ⅰ的余量 $\delta=2S$，而板Ⅱ的余量 $\delta=3S$。

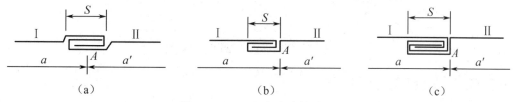

图 1-3-16　卧式咬缝的余量

（3）角式咬缝的余量计算。

当咬缝为单角咬缝时，板Ⅰ的余量 $\delta=2S$，板Ⅱ的余量 $\delta=S$，如图 1-3-17（a）所示；当咬缝为内单角咬缝时，板Ⅰ的余量 $\delta=2S$，板Ⅱ的余量 $\delta=S$，如图 1-3-17（b）所示。

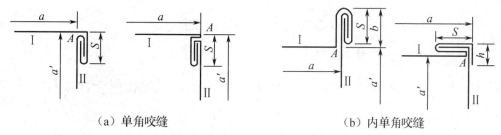

（a）单角咬缝　　　　　　　　　（b）内单角咬缝

图 1-3-17　角式咬缝的余量

2．卧式单咬缝的工艺过程

卧式单咬缝的工艺过程如图 1-3-18 所示。

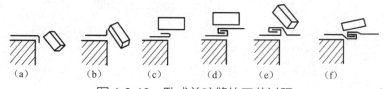

图 1-3-18　卧式单咬缝的工艺过程

（1）按留边尺寸下料，并划出折弯线。

（2）将板料放在方杠（或角钢）上，使折弯线对准方杠（或角钢）的边缘，并将伸出部分按折弯线折弯 90°。

（3）翻转板料，使弯边朝上，敲击弯边顶端，使弯边向里形成钩形。

（4）将与之相接的另一块板料按上述方法加工后，将两弯钩扣合、敲击形成卷边。

3．卧式双咬缝的工艺过程

先在一块板料上按上述方法做出弯钩，再向里弯，翻转板料使弯边朝上，然后向里扣，如图 1-3-19 所示。在另一块板料上用同样的方法弯折双咬缝，最后把两个双咬缝彼此扣合并压紧即可。

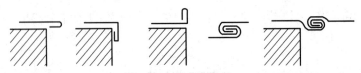

图 1-3-19　卧式双咬缝的工艺过程

4．立式单咬缝的工艺过程

先在一块板料上做立式单咬缝如图 1-3-20（a）所示，然后把另一块板料的边缘弯成直角，最后将其扣合压紧即可，如图 1-3-20（b）所示。

（a）　　　　　　　　　　（b）

图 1-3-20　立式单咬缝的工艺过程

5．立式双咬缝的工艺过程

先在一块板料上做单咬缝，如图 1-3-21（a）所示，然后在另一块板料上做单咬缝，最后将其互相扣合压紧即可，如图 1-3-21（b）所示。

（a）　　　　　　　　　　（b）

图 1-3-21　立式双咬缝的工艺过程

四、制筋

在钣金件上压制出不同形状的棱线和加强筋的工艺叫作制筋。制筋可以提高材料强度，也可以使其更加美观。汽车车身上就制有许多筋，特别是车身外蒙皮上都有筋。在进行汽车车身维修时，对被损坏的筋必须加以维修、恢复。筋的横截面形状一般为圆弧形和角形，如图 1-3-22 所示。

图 1-3-22　筋的横截面形状

制筋主要有扁冲制筋和借助模具制筋两种方法。扁冲制筋是最简单的一种制筋方法，

主要用于冲制细而浅的筋，借助模具制筋用于冲制较深的筋，如图 1-3-23 和图 1-3-24 所示。

图 1-3-23 扁冲制筋

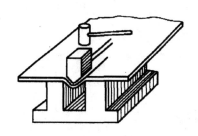

图 1-3-24 借助模具制筋

扁冲制筋步骤如下：先使用划针在坯件上划出制筋的标记线，然后在工作台上铺一块橡胶板并将坯件放好，用扁冲沿标记线敲出棱线。全部敲冲一遍后，从一端开始冲第二遍，直至达到符合要求的深度。最后将板料拿到平台上进行校准，主要操作是再轻轻敲冲一遍，以使筋形成清晰、整齐的线条。

借助模具制筋与扁冲制筋的不同之处在于将橡胶板更换成满足相应要求的模具。

五、放边

放边是通过伸展金属板料某条边或某一部分使其外弯成型的工艺。放边可分为打薄放边、拉薄放边和型胎放边，下面主要介绍打薄放边和拉薄放边。

1. 打薄放边

打薄放边效果显著，但加工表面粗糙、厚度不匀。对于凹曲线弯边零件，可用直角角材制作，如图 1-3-25（a）所示，使其一边边缘变薄，面积增大，从而使角材弯曲。在打薄放边的过程中，角材底面必须与铁砧表面贴平，图 1-3-25（b）所示，否则会产生翘曲现象。敲击点应均匀并呈放射线状，敲击面积通常占敲击边面积的 3/4 左右，且不得敲击角材弯角处。敲击时坯件可能会产生冷作硬化现象，产生此现象时应及时进行退火处理。另外，应随时用样板或量具检查坯件外形，防止弯曲度过大。

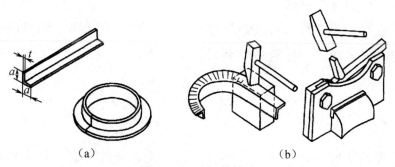

（a） （b）

图 1-3-25 打薄放边

2．拉薄放边

拉薄放边是指用木锤或铁锤将坯件一边在木墩上锤放，利用木墩的弹性，使坯件伸展拉长。这种方法一般在制作凹曲线弯边零件时采用。为了防止产生裂纹，可事先用此方法放展坯件，然后弯制弯边，这样交替进行，完成制作。拉薄放边加工表面光滑、厚度均匀，但容易拉裂。

六、收边

收边是通过先使坯件起皱，再把起皱处在防止伸展复原的情况下敲平，从而使坯件褶皱消除、长度缩短、厚度增大而内弯成型的工艺。收边可分为起皱钳收边、起皱模收边和搂弯收边，如图 1-3-26 所示。

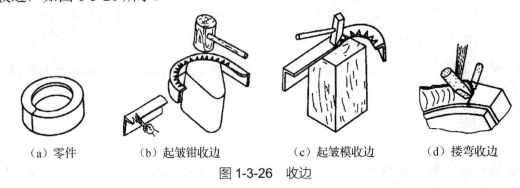

（a）零件　　　（b）起皱钳收边　　　（c）起皱模收边　　　（d）搂弯收边

图 1-3-26　收边

1．起皱钳收边、起皱模收边

如图 1-3-26（b）、（c）所示，用起皱钳或起皱模使角形坯件一边边缘起皱收缩，从而迫使另一边弯曲成型。在坯件弯曲过程中，起皱的一边应随时用木锤敲击褶皱，使坯件褶皱消失、厚度增大。在敲平过程中，如果发现坯件产生加工硬化现象，则应及时进行退火处理。

2．搂弯收边

如图 1-3-26（d）所示，先将坯件夹在型胎上，用铝棒顶住，再用木锤敲击顶住部分，使坯件弯曲，逐渐收缩贴靠胎模。

在制作凸曲线弯边零件时，如果强度要求不高，则可根据要求的弯曲度先在应该收缩的一面用剪刀剪出若干豁口，然后弯曲坯件，最后焊接剪口。

七、卷边

卷边是为了提高零件边缘的刚度和强度，以及使其光滑美观，将零件边缘卷起来的工艺。卷边可分为空心卷边、夹丝卷边和平行卷边，如图 1-3-27 所示。

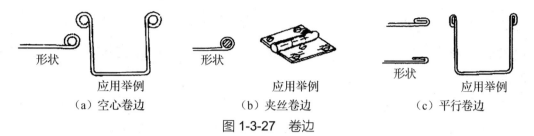

（a）空心卷边　　　　（b）夹丝卷边　　　　（c）平行卷边

图 1-3-27　卷边

1．卷边的应用

空心卷边是指将零件的边缘包卷成圆管状。夹丝卷边是指在空心卷边内夹嵌一根铁丝，以提高刚度和强度。铁丝的尺寸可根据零件的使用要求确定，铁丝的直径一般应为板料厚度的 4～6 倍，包卷铁丝的板料加放宽度大致相当于铁丝直径的 2.5 倍。

2．卷边展开尺寸的计算

卷边展开长度等于卷曲部分长度与直线部分长度之和，如图 1-3-28 所示，其展开长度 L 为

$$L = L_1 + d/2 + L_2$$

式中，L——卷边展开长度；

$L_1 + d/2$——直线部分长度；

L_2——卷曲部分（270°）长度；

d——铁丝直径。

因为 $L_2 = 3\pi(d+t)/4 \approx 2.35(d+t)$，所以可得

$$L = L_1 + d/2 + 2.35(d+t)$$

式中，t——板料厚度。

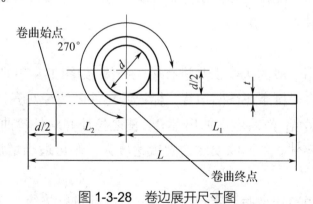

图 1-3-28　卷边展开尺寸图

3．卷边的工艺过程

夹丝卷边的工艺过程如图 1-3-29 所示。

（1）在卷边部位划出两条卷边线，如图 1-3-29（a）所示。

（2）将板料放在平台上，使卷边部分的 $d/2$ 伸出平台，左手压住板料，右手用木锤敲击，使伸出部分向下弯曲成 85°左右，如图 1-3-29（b）、（c）所示。

（3）将板料慢慢向外伸，随时敲击伸出部分，但不能敲击过猛，直到伸出平台的长度

为 L_2，此时板料边缘应敲击成如图 1-3-29（d）所示的形状。

（4）将板料翻转，使卷边朝上，均匀敲击卷边将其向里扣，使卷边部分逐渐呈圆弧形，放入铁丝，一边放一边扣，如图 1-3-29（e）、（f）所示。

（5）翻转板料，使接口抵住平台缘角，敲击使接口靠紧，如图 1-3-29（g）所示。

如果手工进行空心卷边，则需要在卷合过程中轻而均匀地敲击，以免将卷边打扁。

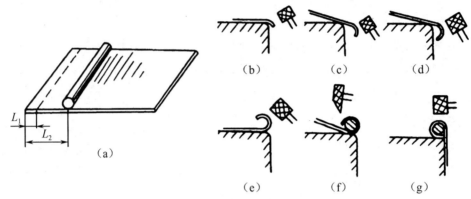

图 1-3-29　夹丝卷边的工艺过程

八、拔缘

拔缘是利用放边和收边的方法把工件边缘翻出成凸缘的工艺。拔缘可分为内拔缘（孔拔缘）、外拔缘两种形式。内拔缘是指在孔边加工出凸缘，目的在于减轻质量、增强刚性、提高通过性、提高美观度，如大客车的框板、肋等零件的铁板上常有拔缘孔；外拔缘主要起增强刚性的作用，对于没有配合关系的外边缘部位，常采用外拔缘。拔缘方法可分为自由拔缘和型胎拔缘两种。

1. 自由拔缘

自由拔缘是指利用一般的拔缘工具进行手工拔缘，如图 1-3-30 所示。其操作方法如下：先划出拔缘标记线，将板料靠在铁砧边缘，标记线与铁砧边缘对齐，板料被敲击部位与铁砧平面成 30° 左右的夹角；然后敲击伸出部分，使之拉伸并向外弯曲，敲击时用力要适当，均匀敲击并随时转动零件。若凸缘要求边宽或角度大，则可适当增加敲击次数。

2. 型胎拔缘

型胎拔缘是指将板料在型胎上定位，按型胎拔缘孔进行拔缘，其适用于对口径较小的零件拔缘，可一次成型，如图 1-3-31 所示。

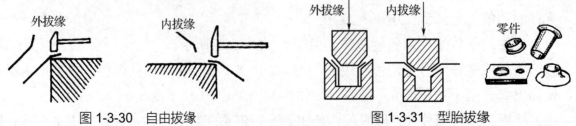

图 1-3-30　自由拔缘　　　　　　　图 1-3-31　型胎拔缘

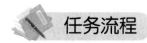

任务流程

一、工具、设备及辅料准备

本任务所需的主要工具、设备及辅料如表 1-3-1 所示。

表 1-3-1　本任务所需的主要工具、设备及辅料

类型	名称	图示	类型	名称	图示
防护工具	纱手套	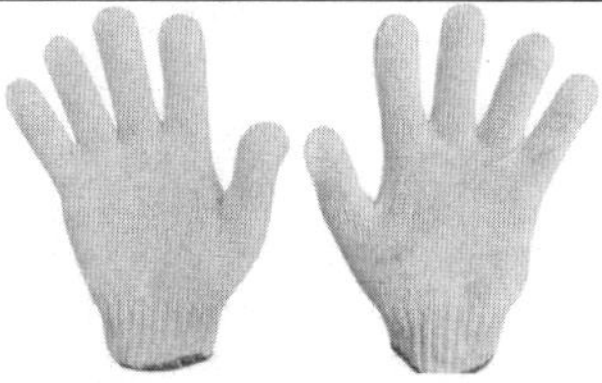	作业工具	锉刀	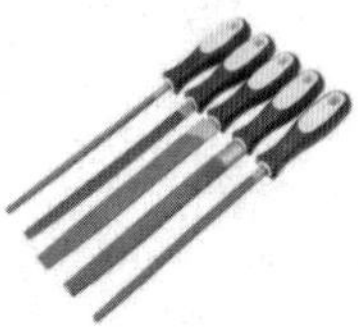
	护目镜	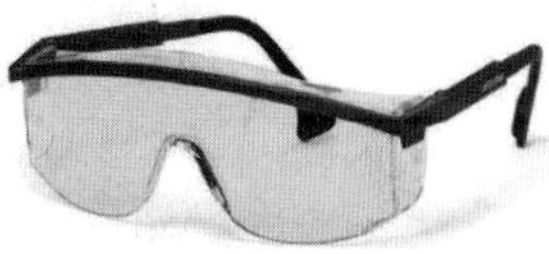		木锤	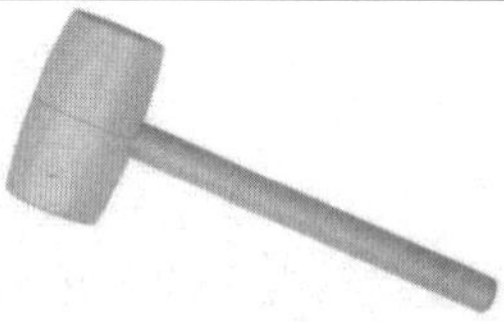
	降噪耳罩	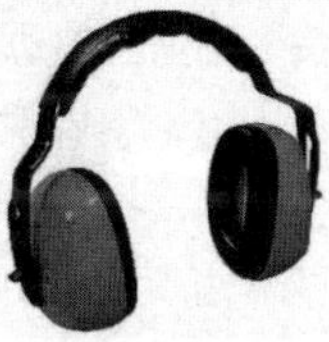		钣金剪刀	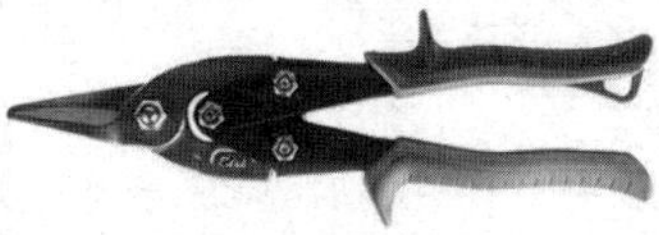
	防尘口罩	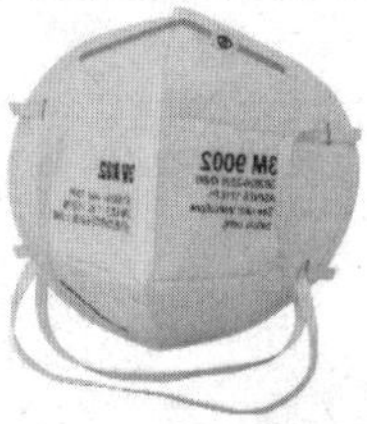		划线工具	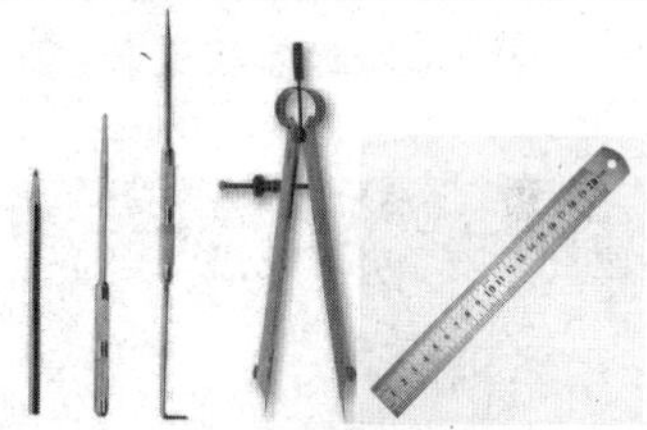
作业工具	钣金维修工具	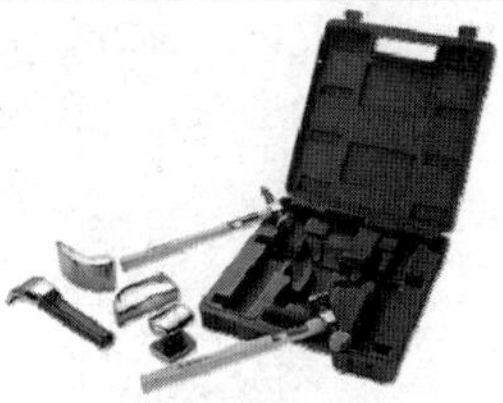		线錾	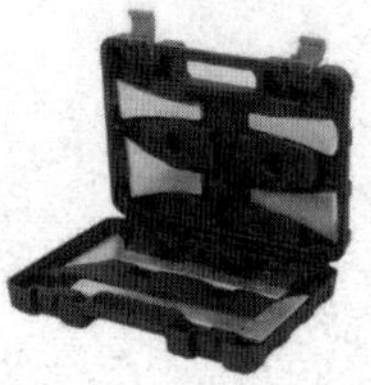
	磁力表座	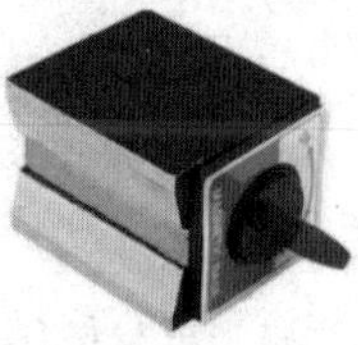			

二、操作方法及步骤

本任务的操作方法及步骤/技术规范及要求如表 1-3-2 所示。

49

汽车车身钣金整形修复 一体化教程

表 1-3-2　本任务的操作方法及步骤/技术规范及要求

作业内容及图示	操作方法及步骤/技术规范及要求
穿戴防护用品 	正确穿戴工作服、手套、口罩、护目镜、耳罩等防护用品
材料剪切、修整 	（1）根据图纸上标注的尺寸下料。 （2）按左图剪出四边缺角。 （3）用木锤整平边缘
线錾打制 	（1）在钢板左右两边 4mm 的位置处进行线錾打制。 （2）注意左右两边线錾打制方向，一边为正面打线，另一边为反面打线，上部线条选择一面进行线錾打制
折弯加工一 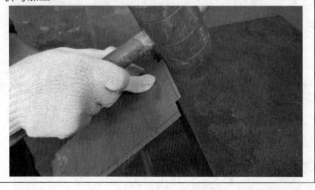	用木锤敲击折弯左右两边打线位置，第一步先折弯至 90°。注意打线位置左右一正一反

续表

作业内容及图示	操作方法及步骤/技术规范及要求
折弯加工二 	利用比较尖锐的钢砧将钢板折弯至 150°左右，以方便后续进行咬合工作
圆弧加工成型 	将钢板在直径为 90～100mm 的半圆钢砧上进行折圆的工作
咬合 	边缘不好折的地方，可使用木块敲击，木块的面积较大时可以减少板面的损伤，同时将左右两边打线位置进行咬合
接缝修整 	在咬合扣紧状态下，将上下边缘使用线錾打平，让圆弧左右边缘的平面可以对齐

续表

作业内容及图示	操作方法及步骤/技术规范及要求
缝宽定线 	使用直线錾打制出咬合线，使其相互挤压，形成咬合缝，以达到连接固定的效果
状态检视 	左图为咬合整平后的状态，上下边缘为使用线錾打平后的圆弧对齐状态
法兰边凸缘制作一 	（1）在进行线錾打制的地方缠绕 3 圈纸胶带，准备进行法兰边凸缘制作。 （2）纸胶带用于在方形钢砧边缘打线时定位线錾。 （3）按左图敲击法兰边进行凸缘延展
法兰边凸缘制作二 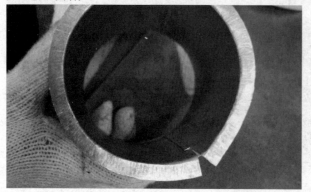	左图为使用收缩锤敲击两圈后的状态，尽量保持均匀敲击

续表

作业内容及图示	操作方法及步骤/技术规范及要求
法兰边凸缘制作三 	进行第 3 圈敲击，在观察到凸缘呈现如左图所示的角度状态时，使用收缩锤圆面敲击凸缘边
法兰边凸缘制作四 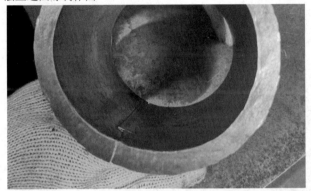	（1）按照顺序使用钣金锤整平敲击至第 5 圈。 （2）在如左图所示的状态下，边缘角度为90°
法兰边修磨 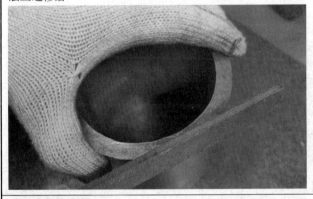	测量法兰边边缘，建议法兰边边缘多留出 9.5～10mm 的长度，其余多出部分用锉刀修磨
法兰边包线准备一 	将凸缘的边角放在包线专用钢砧上，用木锤或橡胶锤向下敲击

续表

作业内容及图示	操作方法及步骤/技术规范及要求
法兰边包线准备二 	（1）左图为折弯后的状态。 （2）撕掉纸胶带。 （3）在边缘下 5mm 的位置粘贴纸胶带，以保护包线边缘
铁丝加工 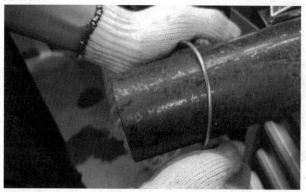	将直径为 3.2mm 的铁丝在直径为 90～100mm 的半圆钢砧上进行折圆
尺寸比对 	（1）将折圆后的铁丝装到准备包线的法兰边位置。 （2）比对并标记多余铁丝长度。 （3）剪切多余铁丝
包线 	（1）将带有铁丝的工件放到半圆钢砧上并用木锤敲击。 （2）均匀敲击，直到法兰边基本包覆铁丝为止

续表

作业内容及图示	操作方法及步骤/技术规范及要求
工件整平 	（1）用木锤敲击工件，进行整平。 （2）整平后重复上一个步骤，敲击边缘使铁丝包覆更加完整
法兰边整平 	（1）将包线边缘褶皱的部分在钢砧上进行敲平修整。 （2）如左图所示，建议在钢砧上粘贴纸胶带，以保护包线边缘
底部工件制作 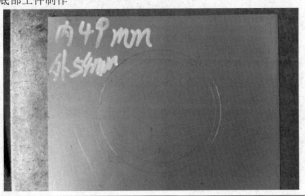	（1）在 120mm×120mm×1mm 的平面钢板上划出半径为 49mm 的内圆及半径为 54mm 的外圆。 （2）沿外圆线剪切钢板
线錾打制 	使用旋钮式强力磁铁固定钢板，沿内圆线均匀敲击线錾

作业内容及图示	操作方法及步骤/技术规范及要求
整平 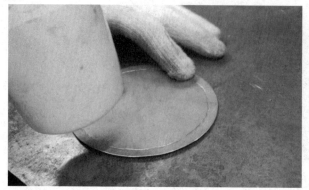	（1）左图为线錾打制完成的状态。 （2）打制的边缘平面部分有内弯的现象，建议用木锤对打线的边缘进行整平，以提高工件的整体美观度
收缩边缘一 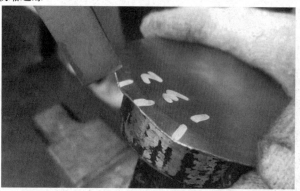	（1）折边：如左图所示，先敲击数字 1 和 2 位置边缘，要选用小于 90°的斜角圆钢砧。 （2）敲击数字 1 和 2 位置边缘的主要目的是限制位置 3 的收缩量。当数字 1 和 2 位置固定后，敲击数字 3 位置时能产生效果明显的边缘收缩
收缩边缘二 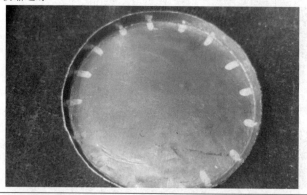	按照顺序重复上述动作直至边缘收缩为小于 90°的状态
收缩角度调整 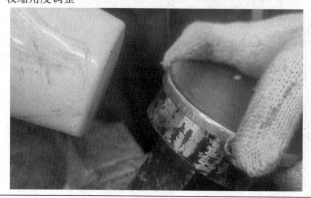	（1）用 90°的圆形钢砧修整法兰边。 （2）修整至法兰边与底座平面呈垂直状态

续表

作业内容及图示	操作方法及步骤/技术规范及要求
检查底座平整度 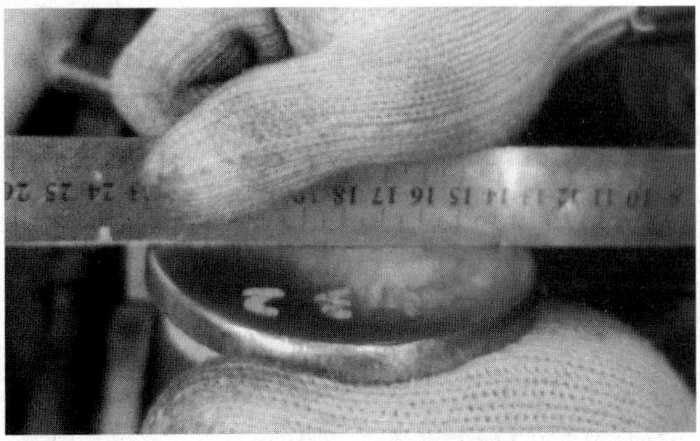	（1）用钢尺检查底面平整度。 （2）如果不平整，则用钣金锤或木锤进行整平
组装焊接 	（1）将上、下部件进行匹配组装。 （2）根据自己的喜好标注焊接位置后进行搭铁。 （3）调试 MAG 焊机并进行定位焊接
完成 	最终完成作品

👤 **评价与反馈**

　　请结合本小组制订的计划，完成曲面笔筒的制作任务，记录在制作过程中遇到的问题并查找解决方法。记录员根据操作员的操作过程和制作质量进行评分，具体评分细则如表 1-3-3 和表 1-3-4 所示。

表 1-3-3　操作过程评分表

序号	评分项目	配分	评分细则描述	扣分及细节描述	实际得分
1	安全防护	5	未正确穿戴工作服、安全鞋，或者未视情况适时穿戴手套、口罩、护目镜、耳罩等，每项扣1分		
2	绘图	20	在操作过程中工具或量具掉落，每件扣2分		
			绘图不规范、不准确，关键数据超差>1mm，每个扣2分		
3	手动工具制作	10	在操作过程中工具或量具掉落，每件扣1分		
			工具使用不规范（如用修整锤敲击打样冲、线錾，以锤击锤，在台虎钳钳口上敲击钢板等），每件扣2分		
			未在橡胶垫上首次打制，扣2分		
4	6S 整理	5	操作完成后未清洁设备、工具或量具、场地，设备、工具或量具未归位，每项扣1分		
5	分值合计	40		总得分：	

表 1-3-4　制作质量评分表

序号	评分项目	配分	评分细则描述	扣分及细节描述	实际得分
1	外观与尺寸	60	未按图纸要求制作，扣40分		
			工件圆柱度误差>1mm，每段（每10mm为1段）扣1分		
			工件平面高度<116mm，每处（每10mm为1处）扣4分		
			工件半径 49mm 尺寸超差>1mm，每处（每10mm为1处）扣2分		
			工件半径 54mm 尺寸超差>1mm，每处（每10mm为1处）扣2分		
			折边宽度 10mm 尺寸超差>1mm，每处（每10mm为1处）扣5分		
			卷边效果不良，每处（每10mm为1处）扣2分		
			折边方向错误，每处扣4分		
			上下平面翘曲>1mm，每侧扣5分		
			钢板破裂，每处（每5mm为1处）扣3分		
2	分值合计	60		总得分：	

知识巩固

一、判断题

1. 对于精度要求高、拱曲度大的工件，可以在木墩上挖坑代替铁砧或在潮湿的土地上敲击拱曲成型。　　　　　　　　　　　　　　　　　　　　　　（　　）

2．在钣金件上压制出不同形状的棱线和加强筋的工艺叫作制筋。　　　　　　　（　　）

3．收边是通过先使坯件起皱，再把起皱处在防止伸展复原的情况下敲平，从而使坯件褶皱消除、长度缩短、厚度增大而内弯成型的工艺。　　　　　　　　　　　　　（　　）

4．在汽车车身维修中常用专用弯边器（或称弯边钳）来弯边成型，比用其他工具更加方便、快捷。　　　　　　　　　　　　　　　　　　　　　　　　　　　　　　　（　　）

5．当弯折板料在钳口以上较长的部位或板料较薄时，应用左手压住板料上部，用木锤在靠近折弯线的部位轻轻敲击。　　　　　　　　　　　　　　　　　　　　　　　（　　）

6．在进行汽车车身维修时，对被损坏的筋必须加以维修、恢复。　　　　　　　（　　）

7．卷边是为了提高零件边缘的刚度和强度，以及使其光滑美观，将零件边缘卷起来的工艺。　　　　　　　　　　　　　　　　　　　　　　　　　　　　　　　　　（　　）

8．夹丝卷边是指在空心卷边内夹嵌一根铁丝，以提高刚度和强度；空心卷边是指将零件的边缘包卷成圆管状。　　　　　　　　　　　　　　　　　　　　　　　　　　（　　）

二、选择题

1．弯曲主要分为角形弯折和（　　　　）两种基本形式。

A．直角弯曲　　　　B．弧形弯曲　　　　C．曲线弯曲　　　　D．畸形弯曲

2．（　　　　）的原理是使板料的边缘起皱向里收，将中部打薄向外延展，如此交替反复渐渐变形，使板料在不被撕裂的前提下成型为所需的拱形件。

A．弯曲　　　　　　B．折边　　　　　　C．拱曲　　　　　　D．制筋

3．（　　　　）是通过伸展金属板料某条边或某一部分使其外弯成型的工艺。

A．放边　　　　　　B．收边　　　　　　C．展开　　　　　　D．放样

4．咬缝从结构上可分为单咬缝、双咬缝和（　　　　），车身钣金件上主要采用的是单咬缝。

A．连环咬缝　　　　B．单双咬缝　　　　C．多边连续咬缝　　D．复合咬缝

5．（　　　　）是指用木锤或铁锤将坯件一边在木墩上锤放，利用木墩的弹性，使坯件伸展拉长。

A．打薄放边　　　　B．拉薄放边　　　　C．型胎放边　　　　D．机械放边

6．收边分为（　　　　）、起皱模收边和搂弯收边三种形式。

A．冲压模收边　　　B．起皱钳收边　　　C．起皱锤收边　　　D．折弯机收边

7．（　　　　）是指在孔边加工出凸缘，目的在于减轻质量、增强刚性、提高通过性、提高美观度。

A．型胎拔缘　　　　B．自由拔缘　　　　C．外拔缘　　　　　D．内拔缘

项目 2

车身覆盖件修复

📖 项目描述

汽车车身外部覆盖的板件经常会因各种原因而损坏，进而导致车身外部损伤。车身覆盖件不恰当的修复，不仅会在表面上给人比较粗糙和拼凑的感觉，而且会影响汽车的使用寿命，甚至给汽车埋下安全隐患。例如，汽车在使用过程中出现的渗水、漏风、进灰尘、异响等故障，多是车身覆盖件修复不到位造成的。对于大损伤钢板来说，在同等条件下遭受横向撞击的修复难度可能远远大于遭受纵向撞击的修复难度。当汽车受到纵向撞击时，间接损坏的钢板通常会出现大面积的隆起或凹陷，直接损坏的钢板则会出现比较严重的褶皱、卷曲等变形。对于受到纵向撞击的汽车来说，无论是间接变形还是直接变形，一般都不需要进行拆卸解体（更换除外），修复时只需要对内部的结构件、加强件及支撑件进行牵拉，同时进行就位修复，这样可有效减少作业时间，并且有助于板件的应力消除。

❓ 思考与成长

本项目设计了 3 个工作任务，车身覆盖件修复是汽车车身维修中的重要环节，涉及复杂的技术和方法，学生要通过不断地实践和学习，提高自己的专业素养。车身覆盖件修复不仅是一项实用技能，还是一个涵盖多方面教育价值的过程，学习这项技能有助于学生全面且均衡地成长。通过本项目的学习，大家思考一下：如果某汽车使用的是一体成型的车身，那么车身覆盖件修复技术还有用武之地吗？

 任务1　翼子板的修复

 任务描述

　　某先生的轿车的翼子板在交通事故中受损发生凹陷变形，经过维修技师评估分析后，需要对此凹陷进行钣金修复，钣金锤和顶铁配合使用是修复此凹陷效率最高的形式，现按照标准流程用钣金锤和顶铁配合修复此凹陷以达到质量要求。

 知识目标

　　1. 了解翼子板的作用和结构。

　　2. 了解翼子板的类型。

　　3. 了解车身板件材料的性质及车身板件损坏的类型。

 技能目标

　　1. 能进行翼子板的拆装与调整。

　　2. 能正确评估翼子板的损坏情况。

　　3. 能正确使用工具完成翼子板的修复。

素质目标

　　1. 培养与客户进行交流与协商的能力，能够向客户咨询车况，初步评定车辆损伤状况。

　　2. 养成良好的工作习惯和安全意识。

　　3. 培养团队协作能力，以及独立分析、解决问题的能力。

相关知识

一、翼子板

1. 翼子板概述

　　翼子板是遮盖车轮的车身外板，因旧式汽车车身上该部件的形状及位置似鸟翼而得名。翼子板按照安装位置可分为前翼子板和后翼子板。前翼子板安装在前轮处，其设计尺寸必须保证前轮转动及跳动时的最大极限空间，因此设计者会根据选定的轮胎型号尺寸用"车轮跳动图"来验证翼子板的设计尺寸是否合适。

后翼子板没有车轮转动碰擦的问题，但是出于空气动力学方面的考虑，后翼子板略显拱形弧线并且向外凸出。有些轿车的翼子板与车身壳体是一个整体，生产时可一次成型。有些轿车的翼子板是独立的，尤其是前翼子板，因为前翼子板的碰撞概率比较大，独立装配易于整件更换。

2. 翼子板的作用

翼子板除了可以使汽车整体更美观，还可以在汽车行驶过程中防止被车轮卷起的砂石、泥浆等溅到车厢的底部及车身上。因此，要求制造翼子板所使用的材料耐气候老化并且具有良好的成型加工性。用来制造翼子板的材料通常是高强度的镀锌钢板，材料的厚度为0.6～1mm。

3. 翼子板的结构

翼子板安装在汽车车轮的上方，作为汽车侧面的外板。翼子板由外板部和加强部通过树脂形成一体，其中外板部露在汽车侧面，加强部沿配置在与外板部邻接的邻接部件里面的外板部的边缘部延伸。同时，在外板部的边缘部和加强部之间，有用于配合邻接部件的配合部。

翼子板按照安装位置可分为前翼子板和后翼子板。翼子板的结构如图2-1-1所示。

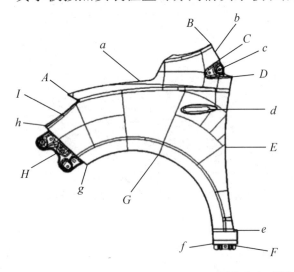

$A—a$：与发动机罩搭接处
$B—b$：与A柱搭接处
$C—c$：后视镜安装处
$D—d$：转向灯安装处
$E—e$：与车门搭接处
$F—f$：与门槛搭接处
$G—g$：与轮罩搭接处
$H—h$：与前保险杠搭接处
I：与大灯搭接处

图2-1-1 翼子板的结构

4. 翼子板的类型

前翼子板的位置如图2-1-2所示，它安装在前轮处，为独立部件，大多数用紧固螺栓与车身壳体相连，后端与前围支柱相连，前端与散热器支架的延长部分及前照灯架相连，侧面与挡泥板相连。因此，要在拆卸很多部件后才可进行前翼子板的拆卸。部分汽车前翼子板的紧固螺栓不可见，因为用树脂密封胶粘住了，拆卸时需要先用暖风枪将树脂密封胶烘烤熔化后才可看见紧固螺栓。有些汽车的前翼子板由具有一定弹性的塑性材料制成。塑性材料具有缓冲性，安全性较高。

后翼子板如图2-1-3所示，它是车身后部侧面的外板，又称为后侧围板，是车身后部

两侧最大的板件，从后车门向后一直延伸至后保险杠位置，构成车身后部的侧面。后翼子板通常以焊接方式与车身壳体相连，为非独立部件，不可拆卸，损坏时需要进行焊点破除，以切割损坏处的方式更换为新部件。

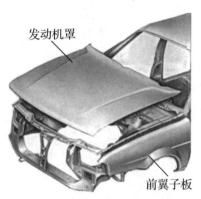
图 2-1-2　前翼子板的位置

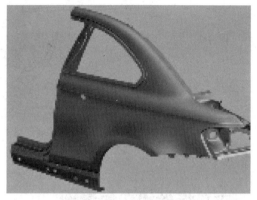
图 2-1-3　后翼子板

二、车身板件材料的性质

1．弹性变形

弹性变形是金属材料的一种特性。金属材料在受外力作用后发生变形，当作用在金属材料上的外力解除后，变形的金属材料又恢复到原来的形状，这种变形称为弹性变形，如图 2-1-4 所示。

2．塑性变形

金属材料在受外力作用后发生变形，当作用在金属材料上的外力解除后，变形的金属材料不能恢复到原来的形状，这种变形称为塑性变形，如图 2-1-5 所示。

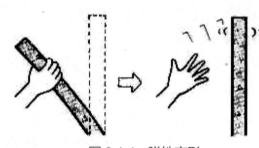
图 2-1-4　弹性变形

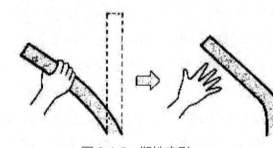
图 2-1-5　塑性变形

汽车驾驶室外壳、发动机罩、车顶板、翼子板、门槛板、油箱等金属制品，都是用塑性较好的薄钢板经冷冲压成型的。这种具有良好塑性的金属材料，在冲压成型后若无外力作用其形状就不再改变，有利于进行压力加工。

3．加工硬化

如果来回弯曲金属丝，金属丝就会发生加工硬化。同样，钢板也会因塑性变形而发生加

工硬化。汽车在受到外力作用（如碰撞）或进行维修时，都会发生加工硬化，如图2-1-6所示。

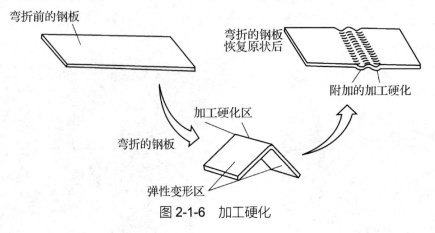

图 2-1-6　加工硬化

三、车身板件损坏的类型

车身钣金维修的第一步是对受损部位进行损坏分析，修理人员必须能识别受损部位的变形形态。金属板件的损坏一般分为两种，即直接损坏和间接损坏。

1. 直接损坏

直接损坏是指碰撞的物体与金属板件直接接触造成的损坏，通常以断裂、擦伤或划痕的形式出现，可以用眼睛看到。在所有损坏中直接损坏占10%～15%。在车身维修中一般不对直接损坏部位进行修理，直接损坏部位的修复通常使用塑料填充剂，在填充过程中间接损坏也会得到修理。

2. 间接损坏

碰撞除产生直接损坏以外，还产生间接损坏。在所有损坏中间接损坏占80%～90%。各构件所产生的间接损坏基本相同，间接损坏会导致弯曲、压缩等变形。间接损坏包括单纯铰折、凹陷铰折、凹陷卷曲、单纯卷曲。车身板件损坏卷曲较多。

（1）单纯铰折。单纯铰折是指沿着一条线均匀弯曲，金属板件上部受拉产生拉伸变形，下部受压产生压缩变形，中间不产生变形，如图2-1-7所示。

（2）凹陷铰折。凹陷铰折是指箱形截面弯曲，中心线没有强度，顶部受压产生凹陷，底部受拉产生铰折，侧面（结构梁、门槛板、风窗支柱、中立柱、车顶梁等）产生弯折，如图2-1-8所示。铰折部位存在严重的加工硬化，矫正时应先对铰折部位进行加热以消除应力，然后将工件拉伸到凹陷铰折消除且恢复原状。

（3）凹陷卷曲。凹陷卷曲是指金属板件的内部向外翻卷，使折损部分长度增加，如图2-1-9所示。

（4）单纯卷曲。单纯卷曲是指当发生凹陷卷曲时，在凹陷部位旁发生的折损。单纯卷曲与凹陷卷曲形成一个箭头形，如图2-1-9所示。

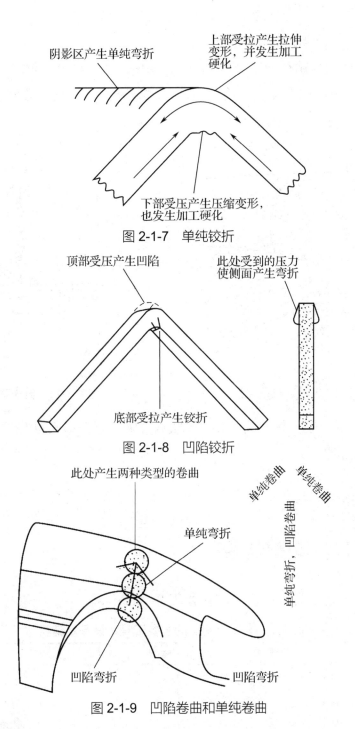

图 2-1-7　单纯铰折

图 2-1-8　凹陷铰折

图 2-1-9　凹陷卷曲和单纯卷曲

　　汽车车身维修技术人员应该熟悉间接损坏的四种类型，能够一眼看出各部位的损坏类型，并且能够针对所有的损坏制订合理的维修方案。

四、翼子板凹陷修复方法

　　翼子板凹陷如图 2-1-10 所示，可以利用钣金锤和顶铁使它按与凹陷形成相反的顺序辗平到原来的形状。在翼子板被向内推挤的过程中，撞击点两侧逐渐形成凹陷，凹陷通常在

撞击点附近最深，并在凹陷的周围形成凸起。

在辗平时，把顶铁紧贴在凹陷外缘的下面，用钣金锤以轻度到中度的力在凸起部位外端最靠近顶铁的地方敲击。钣金锤的敲击迫使凸起部位的端部逐渐降低，而压住顶铁的压力使凹陷部位鼓起，如图 2-1-11 所示。

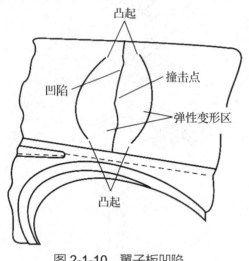

图 2-1-10 翼子板凹陷 图 2-1-11 翼子板凹陷修复

当翼子板凹陷部位大致恢复到原来的形状后，采用正托敲击法进行修光和修平，并进行最终修整和填料处理。

 任务流程

一、工具、设备及辅料准备

本任务所需的主要工具、设备及辅料如表 2-1-1 所示。

表 2-1-1 本项目所需的主要工具、设备及辅料

类型	名称	图示	类型	名称	图示
防护工具	纱手套		防护工具	降噪耳罩	
	护目镜			防尘口罩	

续表

类型	名称	图示	类型	名称	图示
作业工具	外形修复机		作业工具	钣金维修工具	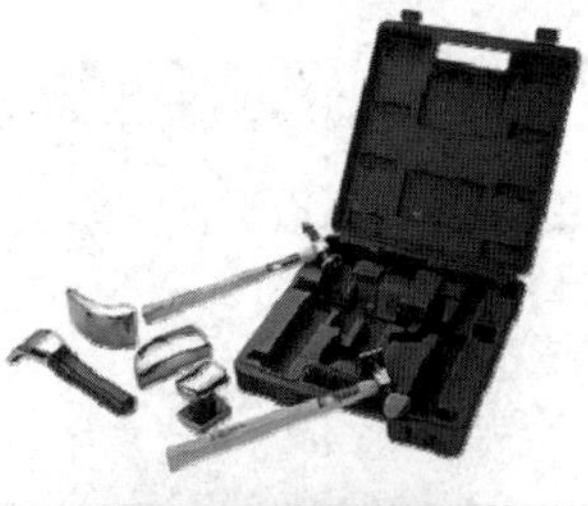
	木锤			气动打磨机	

二、操作方法及步骤

本任务的操作方法及步骤/技术规范及要求如表 2-1-2 所示。

表 2-1-2　本任务的操作方法及步骤/技术规范及要求

作业内容及图示	操作方法及步骤/技术规范及要求
穿戴防护用品 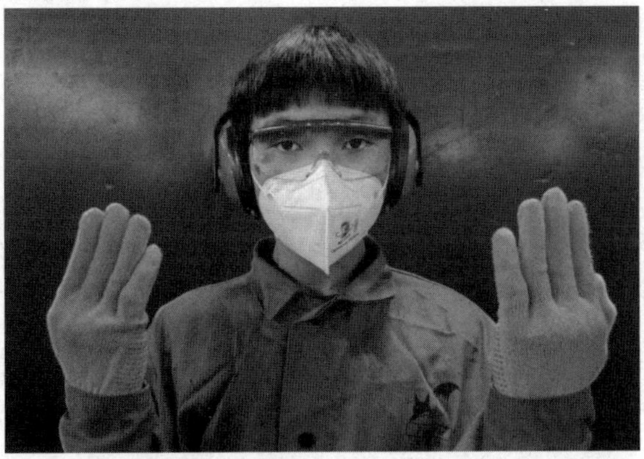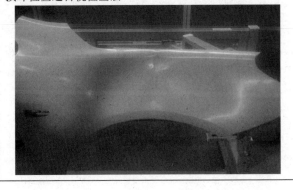	正确穿戴工作服、手套、口罩、护目镜、耳罩等防护用品
损坏检查之目视检查法	借助灯光找出凹陷的位置,把灯管放在待修板件的上方或侧面,让灯管与待修板件呈垂直状态,待修板件上呈现出损坏状况

汽车车身钣金整形修复 一体化教程

续表

作业内容及图示	操作方法及步骤/技术规范及要求
损坏检查之触摸检查法 	用手掌触摸板件损坏部位，判断出板件表面上的凹陷和凸起，检查塑性变形。用抹布将板件擦干净，确定板件变形的位置和范围
损坏检查之按压检查法 	按压检查板件表面的张力，用足够的力按压受损部位直到拇指变白，与未受损部位的张力进行对比，以判断受损部位张力的大小。即使未受损部位，也会因为受损部位的影响而丧失张力，因此必须检查整块板件。张力小的部位会发出"啪啪"声，或者受极小的力就会变形
损坏检查之对比检查法 	用直尺检查受损部位和未受损部位表面在量上的区别。检查是否有高点，高点在哪里，以及凹陷有多深，这非常重要。在测量低点时，把直尺放在凹陷上，根据直尺端部与板件之间空隙的大小判断损坏的严重性
粗修 	采用顶凹打凸的方法进行粗修。用钣金锤将凸起部分的端部向下敲击，用顶铁顶住凹陷部分使其趋于平整。钣金锤与板件的敲击角度为90°，敲击点为钣金锤端面的中央，以上下垂直的方向进行敲击

续表

作业内容及图示	操作方法及步骤/技术规范及要求
对损坏部位进行标记 	标记出损坏区域的上、下、左、右边界并用油漆笔画出损坏区域的边界线
打磨漆面 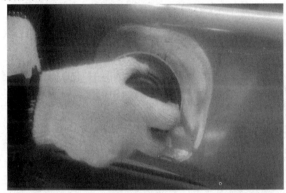	用气动打磨机（安装 P60#砂纸）对损坏区域进行打磨并清除凹陷部位的油漆层
打磨搭铁处 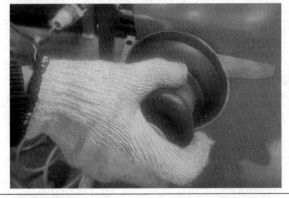	用气动打磨机（安装 P60#砂纸）在翼子板边缘打磨搭铁处
打磨后的清洁 	用吹尘枪和除尘布对打磨部位进行清洁

汽车车身钣金整形修复 一体化教程

续表

作业内容及图示	操作方法及步骤/技术规范及要求
安装搭铁线 	用大力钳把搭铁线固定在车门边搭铁区域
调整外形修复机参数 	先对不同品牌及规格型号的外形修复机进行适当的参数调整，再通过试焊来确定焊接参数
试焊 	调整好外形修复机参数后，在搭铁处进行试焊，试焊时要检查介子与板件的接合情况，要求既能满足修复要求，又不会焊穿板件
焊接介子 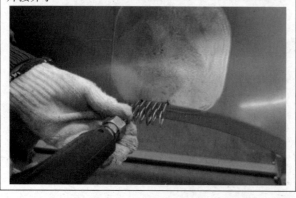	在翼子板轮眉的棱线上焊接介子。介子的间距为10mm，间距过大将导致维修后的表面高低不平，间距过小将降低作业效率，导致焊接不牢

汽车车身钣金整形修复 一体化教程

续表

作业内容及图示	操作方法及步骤/技术规范及要求
安装直杆 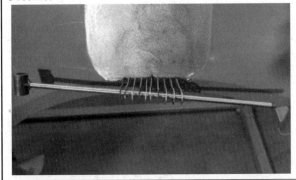	在介子孔内安装直杆
安装多钩拉拔器 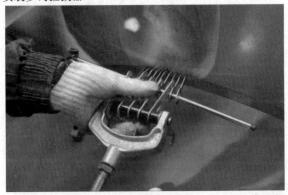	在介子之间均匀地安装多钩拉拔器，以便在进行拉拔修理时使板件受力均匀，同时可以使介子不易脱落
拉伸修复棱线 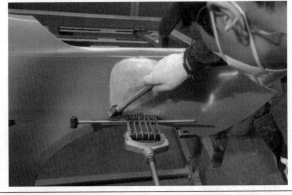	对凹陷部位进行拉伸，边拉伸边用钣金锤进行整形敲击，以消除板件上的应力
拆除介子 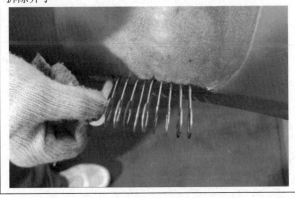	用手将介子左右转动，拆下介子

续表

作业内容及图示	操作方法及步骤/技术规范及要求
打磨焊点 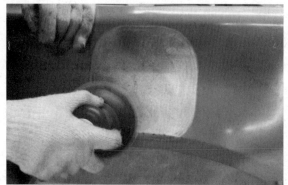	用气动打磨机（安装 P60#砂纸）对焊点进行打磨
用单点滑锤精修 	用单点滑锤对板件上的小凹陷处进行精修
用手动工具精修 	用手动工具利用正托的方式进行精修。使钣金锤与顶铁中心对正，进行敲击修整，握钣金锤的手不宜握得过紧，要用手腕的力敲击
收火 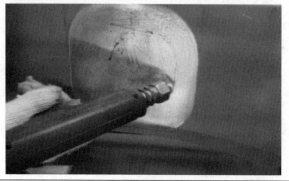	使用外形修复机配备的碳棒对板件凸起区域进行收火，并用气枪吹气进行快速冷却

续表

作业内容及图示	操作方法及步骤/技术规范及要求
打磨 	对收火时产生的痕迹进行打磨
用样规检验 	用样规对修复后的板件进行检验，对存在的高点和低点再次进行修理，反复修理、检验，直到板件平整为止
修复效果检查 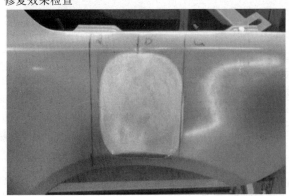	对板件的修复效果进行检查
整理工具、设备 	对修复时使用的工具、设备进行整理、清洁，将其放回原位

续表

作业内容及图示	操作方法及步骤/技术规范及要求
清洁场地 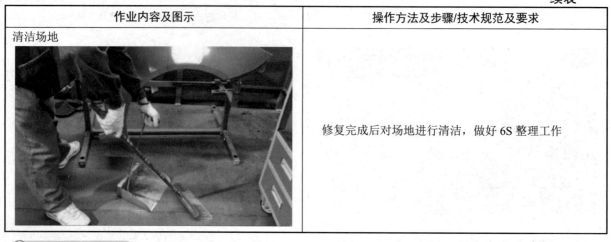	修复完成后对场地进行清洁,做好 6S 整理工作

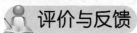 评价与反馈

请结合本小组制订的计划,完成翼子板的修复任务,记录在翼子板修复过程中遇到的问题并查找解决方法。记录员根据操作员的操作过程和修复质量进行评分,具体评分标准如表 2-1-3 和表 2-1-4 所示。

表 2-1-3 操作过程评分表

序号	评分项目	配分	评分细则描述	扣分及细节描述	实际得分
1	安全防护	10	未正确穿戴工作服、安全鞋,或者未视情况适时穿戴手套、口罩、护目镜、耳罩等,每项扣 2 分		
2	修复前的准备	20	正确检查工件,每错一处扣 2 分		
			选用正确规格型号的砂纸对漆面进行打磨,合理使用气动打磨机,不按规范操作每次扣 2 分		
			正确连接和规范使用气动打磨机,并除去凹槽中的漆膜,不按规范操作每次扣 2 分		
			正确开启外形修复机,调整外形修复机的参数,选择正确的搭铁位置,每出错一次扣 2 分		
3	修复作业	30	正确使用外形修复机,并按规范操作,点焊时应无孔洞出现,每出错一次扣 2 分		
			正确使用多钩拉拔器,并按规范操作,每出错一次扣 2 分		
			正确使用钣金维修工具(钣金锤和顶铁),每出错一次扣 2 分		
4	安全操作	5	在操作过程中,按规范安全使用气动打磨机、外形修复机,无安全事故发生,否则扣 5 分		

续表

序号	评分项目	配分	评分细则描述	扣分及细节描述	实际得分
5	6S 整理	5	操作完成后未清洁设备、工具或量具、场地，设备、工具或量具未归位，废弃物不放置在规定的地方，每项扣 1 分		
6	分值合计	70		总得分：	

表 2-1-4 修复质量评分表

序号	评分项目	配分	评分细则描述	扣分及细节描述	实际得分
1	修复效果	30	修复后凹陷部位不得高于或低于原平面 1mm，否则扣 5 分		
			凹陷部位修复后不得有孔洞，每一个孔洞扣 5 分		
2	分值合计	30		总得分：	

 知识巩固

一、判断题

1. 凹陷铰折和单纯铰折增加的是高度方向的变形，而不是长度方向的变形。（　　）

2. 汽车上的钢板构件在受到碰撞时，造成的折损会加重原来存在的加工硬化程度。

（　　）

3. 局部箱形截面也会发生凹陷，与完全箱形截面凹陷的结果相同，两者折损的名称也相同，都是凹陷铰折。（　　）

4. 在汽车车身维修过程中造成的损坏与碰撞对汽车造成的损坏几乎同样多。（　　）

5. 对于箱形截面的凹陷铰折，不适当的矫正会造成尺寸缩短。（　　）

6. 在对金属板件进行收缩时，可以使用铁锤在顶铁上敲击。（　　）

7. 单纯卷曲和凹陷卷曲一样，都会使金属拉伸。（　　）

8. 金属的铰折处只存在拉力。（　　）

9. 当损坏部位存在压缩区时，不可使用塑料填充剂。（　　）

二、选择题

1. 下面属于车身覆盖件的是（　　）。

A. 前纵梁　　　　B. 翼子板　　　　C. 散热器支架

2. 下列会影响前轮定位参数的安装部件是（　　）。

A. 前挡泥板　　　B. 水箱框架　　　C. 翼子板

3. 与前纵梁焊接在一起的部件是（　　）。

A. 挡泥板　　　　B. 前横梁　　　　C. 翼子板

4. 车架式车身前部的组成部件有（　　）。

A. 散热器支架　　　B. 前纵梁　　　　　C. 前翼子板　　　　　D. 前挡泥板

5. 整体式车身上由高强度钢制造的部件有（　　）。

A. 翼子板　　　　　B. 中立柱　　　　　C. 车顶板　　　　　D. 前立柱

6. 车身左侧翼子板与车门之间的缝隙变宽，右侧翼子板与车门之间的缝隙消失，是因为发生了（　　）。

A. 车身前部向左弯曲变形　　　　　　B. 车身前部向右弯曲变形

C. 车身前部向上弯曲变形

7. 车身翼子板与车门之间的缝隙上部变宽，下部变窄，是因为发生了（　　）。

A. 车身前部向上弯曲变形　　　　　　B. 车身前部向右弯曲变形

C. 车身前部向下弯曲变形

8. 单曲拱形的板件受到下压的力产生变形，在纵向和横向上所受到的力分别是（　　）。

A. 拉力，压力　　　B. 压力，拉力　　　C. 拉力，拉力

任务 2　车门的修复

任务描述

某车主在下班后开车回家，由于路上车流量较大，因此在拐弯时与另一辆并道车发生碰撞，导致车门发生凹陷变形，事后他把车送到 4S 店进行修理。现要求熟练地使用钣金维修工具，按标准流程对此受损车门进行修复。

知识目标

1. 了解车门的结构及组成。
2. 了解车门损坏的类型。
3. 了解金属板件的收缩方法。

技能目标

1. 能够检查车门修复工具的完好情况，按操作规程进行修复前的准备工作。
2. 能够正确使用常用的工具、量具、夹具。
3. 能够进行车门凹陷变形的修复。

素质目标

1. 培养与客户进行交流与协商的能力，能够向客户咨询车况，初步评定车辆损伤状况。
2. 养成良好的工作习惯和安全意识。
3. 培养团队协作能力，以及独立分析、解决问题的能力。

相关知识

车门是汽车车身的主要组成部分，在乘客上、下车或装卸货物时，用于提供便利的通道；在汽车行驶时，用于封闭车身壳体，确保行车的安全。

一、车门的结构

根据数量不同，车门可分为两门、三门、四门和五门等形式，如图 2-2-1 所示。

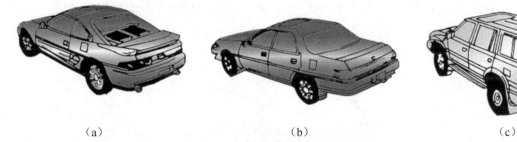

（a）　　　　　　　　　（b）　　　　　　　　　（c）

图 2-2-1　不同数量的车门

根据开闭方式不同，车门可分为旋转式车门、推拉式车门、折叠式车门、上掀式车门和外摆式车门等形式，如图 2-2-2 所示。

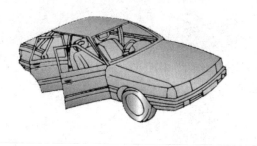 

（a）　　　　　　　　　　　　　　　　（b）

图 2-2-2　不同开闭方式的车门

二、车门的组成

车门通常由门皮、骨架、门板和内饰等部件组成，门皮、骨架和门板通常用点焊或

粘接的方式接合在一起。为了提高侧面抗碰撞强度，门内通常还设有防撞杆，如图 2-2-3 所示。

图 2-2-3　车门

车门本体的骨架部分包括窗框、车门外板、外加强板、内加强板、车门内板等，如图 2-2-4 所示。车门外板基本上由车身外形决定，车门内板是车门的主要受力部件，大多数附件装在车门内板上。

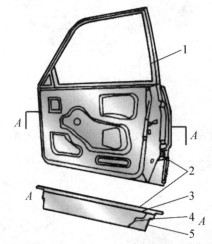

1—窗框；2—车门外板；3—外加强板；4—内加强板；5—车门内板。

图 2-2-4　车门本体

三、车门损坏的类型

车门钣金维修的第一步是对受损部位进行损坏分析，维修人员必须能够识别受损金属板件上的变形形态。金属板件上的损坏一般分为两种，即直接损坏和间接损坏，如图 2-2-5 所示。

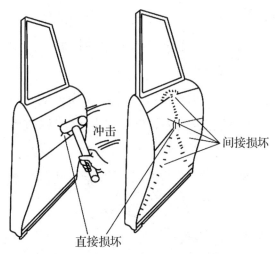

图 2-2-5　直接损坏和间接损坏

1．直接损坏

直接损坏是指碰撞的物体与金属板件直接接触造成的损坏，通常以断裂、擦伤或划痕的形式出现，可以用眼睛看到。在所有损坏中直接损坏占 10%～15%。在维修中一般不对直接损坏的部位进行修理，直接损坏的部位通常使用塑料填充剂进行修理，在填充过程中间接损坏也得到修理。

2．间接损坏

碰撞除产生直接损坏以外，还产生间接损坏，在所有损坏中间接损坏占 80%～90%，各构件所产生的间接损坏基本相同，它会导致产生弯曲、压缩等变形。间接损坏包括单纯铰折、凹陷铰折、凹陷卷曲、单纯卷曲。车身金属板件损坏中卷曲较多。车身金属板件产生卷曲后进行修理，首先要找到损坏方向，碰撞产生的损坏方向和碰撞方向相反，通过目视检查就可以找到损坏方向，但在金属板件重叠的情况下，问题会变得复杂。

卷曲总是从最先发生接触的位置向外传播。当有 2 个或 3 个部位出现这种折损时，它们汇聚的那一点就是最初的碰撞点，如图 2-2-6 所示。

在修理时，基本的原则是，最后产生的损坏要最先修理，最先产生的损坏要最后修理。如图 2-2-6 所示，离直接损坏点最远的部位 1 要最先进行修理，然后修理离直接损坏点第二远的部位 2，以此类推，把损坏全部修理好，对直接损坏部位 10 要用塑料填充剂进行修理。

图 2-2-6　金属板件的损坏

3．拉伸区和压缩区

各种金属板件拱起程度不同，拱形高的称为"高拱形"，接近平坦的称为"低拱形"。

当低拱形金属板件受损时，金属板件被拉入损坏的中心部位。这个拉力使金属板件低于它原来的高度，金属板件上低于原来高度的损坏区称为拉伸区，金属板件上超出原来高度的损坏区称为压缩区，如图 2-2-7 所示。

判断金属板件产生的变形，应考虑金属板件在受损前的压缩或拉伸状况。在矫正时，先要确定损坏部位受到的是拉力还是压力，然后才可确定修理的方法和使用的工具。不能用手锤敲击拉伸区，也不能用顶铁敲击压缩区的内侧，要根据压力的方向来决定需要施加的力的方向。同样，当损坏部位存在压缩区时，不能对此部位使用塑料填充剂进行修理。

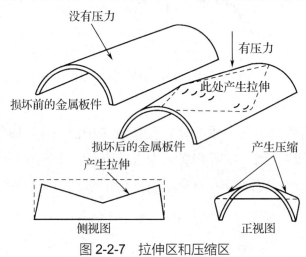

图 2-2-7 拉伸区和压缩区

四、评估车门的凹陷损坏

车门凹陷损坏的检查方法有四种，分别是目视检查法、触摸检查法、按压检查法和对比检查法。

1. 目视检查法

借助灯光找出凹陷的位置，将灯管放在待修板件的上方或侧面，让灯管与待修板件呈垂直状态，待修板件上呈现出损坏状况，根据反射光线的扭曲程度判断损坏的严重性，要多角度、大范围地观察金属板件表面，如图 2-2-8 所示。

2. 触摸检查法

伸直手腕，将力集中在手掌上，从不同方向轻轻触摸金属板件表面，感知凹陷和凸起，要在整块金属板件上滑动手掌（最好戴手套），以增强感知效果，如图 2-2-9 所示。

为了感知未受损金属板件表面和受损金属板件表面的区别，需要大范围触摸，包括触摸未受损金属板件表面。

图 2-2-8　目视检查法

图 2-2-9　触摸检查法

3．按压检查法

按压检查金属板件表面的张力，用足够的力按压受损部位直到拇指变白，与未受损部位的张力进行对比，以判断受损部位张力的大小，如图 2-2-10 所示。即使是未受损部位，也会因为受损部位的影响而丧失张力，因此必须检查整块金属板件。张力小的部位会发出"啪啪"声，或者受极小的力就会变形。

4．对比检查法

用直尺检查受损金属板件表面和未受损金属板件表面在量上的区别。检查是否有高点，高点在哪里，以及凹陷有多深，这非常重要。在测量低点时，把直尺放在凹陷上，根据直尺端部与金属板件之间空隙的大小判断损坏的严重性，如图 2-2-11 所示。

图 2-2-10　按压检查法

图 2-2-11　对比检查法

在对比受损金属板件表面和未受损金属板件表面时，如果将直尺放在凹陷上，那么受损金属板件表面与直尺端部之间的空隙将小于未受损金属板件表面与直尺端部之间的空隙，以此来判断损坏的严重性，如图 2-2-12 所示。

在测量高点时，通过直尺的运动判断损坏的严重性。在未受损金属板件表面移动直尺时，直尺与金属板件表面接触点的连线应该是平滑的曲线。如果存在高点，那么接触点不会移动太多，直尺将上下晃动。在某些情况下，如果金属板件有凹陷，那么凹陷周围部位表面可能高于未受损部位表面，重视高点很重要。

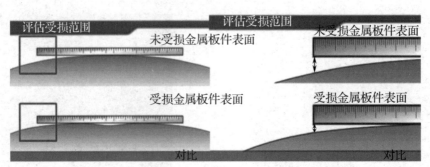

图 2-2-12　判断损伤的严重性

5．标记损坏部位

评估受损范围，标记出损坏区域的上、下、左、右边界，用光滑曲线连接各标记点，画出损坏区域的边界线，如图 2-2-13 所示。

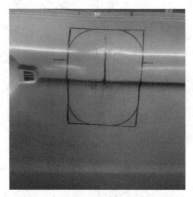

图 2-2-13　标记损坏部位

五、金属板件的收缩

对金属板件进行矫正后，金属板件有延展的现象，此时就要对金属板件进行收缩。在对金属板件进行收缩前，尽量将损坏部位矫正到与原来的形状相近，这样维修人员才可以准确地判断出损坏部位的金属板件是否产生拉伸，如果产生拉伸，就应该进行收缩。金属板件的收缩有三种方法：收缩锤和收缩顶铁敲击收缩法、起皱收缩法和加热收缩法。

1．收缩锤和收缩顶铁敲击收缩法

使铁锤不在顶铁上敲击，敲击时铁锤要快速轻敲，从拱形表面的最低点开始，逐步朝着拱形的最高点敲击，要保证每次敲击的都是拱形的最低点。

在用收缩锤（内侧选平面顶铁）和收缩顶铁（外侧选平面锤）（见图 2-2-14），对金属板件进行敲击的过程中，收缩锤和收缩顶铁端面上的花纹能使被敲击的金属板件产生微小的多面变形。这种因敲击而产生的微小变形，将使金属板件表面被拉紧、收缩，中间隆起也随之被消除。

在应用冷作法进行收缩时，要十分注意金属板件的形态变化，要有针对性地调整敲击

的位置、范围、力度等。当收缩接近完成时，一般还要进行一次精平。

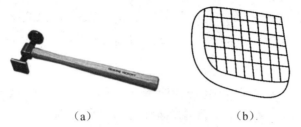

（a）　　　　　　　　　　　（b）

图 2-2-14　收缩锤和收缩顶铁

2．起皱收缩法

起皱收缩法是处理拉伸变形的一种方法，它并不使金属板件产生加热收缩变形，而是使用手锤和顶铁在拉伸变形部位做出一些褶皱。操作时使顶铁错位，用鹤嘴锤轻轻敲击从而使拉伸变形部位起皱。起皱的部位会比其他部位略低。用填料填满后，使用锉刀和砂纸将这一部位打磨得和金属板件的其他部位齐平，如图 2-2-15 所示。

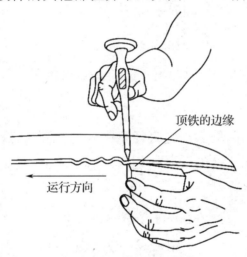

顶铁的边缘

运行方向

图 2-2-15　起皱收缩法

3．加热收缩法

由于随着温度上升，金属板件会变得柔软（张力减小），因此在维修车身时应尽量避免加热（尤其是车架、大梁一定不可以用加热的方法来维修）。当钢材受热时，其颜色会随着温度上升而发生变化。以前的铁匠就是根据钢材的颜色变化来判断它的加热温度的，但这需要丰富的经验和较强的观察能力。钢材颜色与对应的加热温度如表 2-2-1 所示。

表 2-2-1　钢材颜色与对应的加热温度

颜色	温度/℃	颜色	温度/℃	颜色	温度/℃
暗褐色	520～580	淡樱红色	780～800	黄色	1050～1150
暗红色	580～650	淡红色	800～830	淡黄色	1150～1250
暗樱色	650～750	橘黄微红	830～850	黄白色	1250～1300
樱红色	750～780	淡橘色	880～1050	亮白色	1300～1350

（1）火焰加热收缩法。

对金属板件凹陷部位中点进行局部快速加热，在温度升高过程中金属板件以加热点为中心向周围膨胀，对周边产生压应力。若温度继续升高，则金属板件局部烧红变软，解除了中心区的压力，使周围金属板件恢复原来的形状。烧红区域因被压缩而变厚，周围金属板件可以自由变形伸展恢复原来的形状，如图 2-2-16 所示。对于局部加热点，突然进行喷水或用湿布贴覆，可以使加热部位突然冷却，金属板件立即收缩，中心部位产生对周边的拉伸载荷，强力将周边向中心拉伸，与变形过程中产生的压缩载荷相抵消，使金属板件恢复原来的形状。

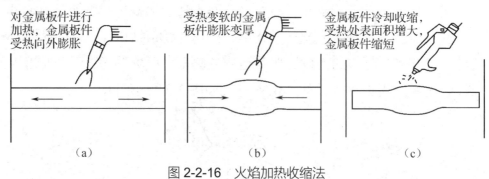

图 2-2-16 火焰加热收缩法

（2）碳棒加热收缩法。

碳棒加热收缩法加热的区域为一定直径范围内的圆圈状点，故又称点状加热收缩法，一般用外形修复机的碳棒加热功能，一边加热一边用压缩空气吹冷，如图 2-2-17 所示。

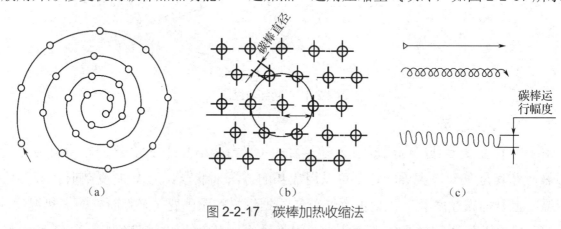

图 2-2-17 碳棒加热收缩法

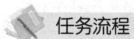 任务流程

一、工具、设备及辅料准备

本任务所需的主要工具、设备及辅料如表 2-2-2 所示。

表 2-2-2　本任务所需的主要工具、设备及辅料

类型	名称	图示	类型	名称	图示
防护工具	纱手套	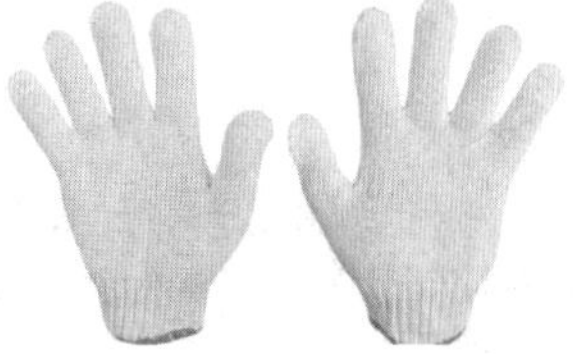	作业工具	钣金维修工具	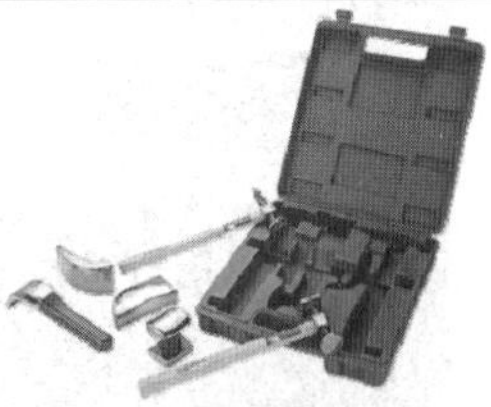
	护目镜			外形修复机	
	降噪耳罩			气动打磨机	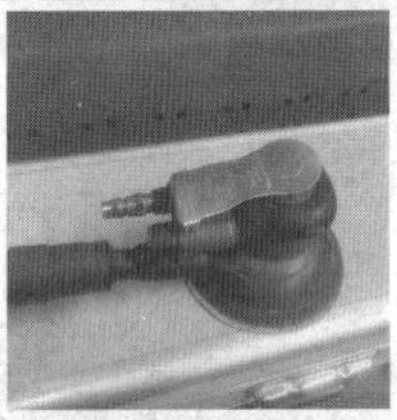
	防尘口罩			吹尘枪	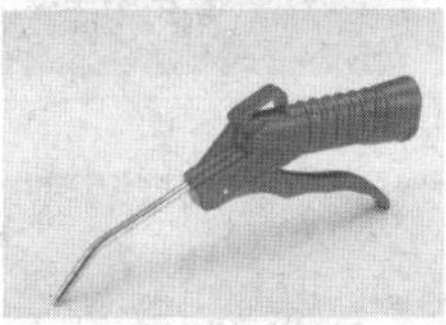

二、操作方法及步骤

本任务的操作方法及步骤/技术规范及要求如表 2-2-3 所示。

表 2-2-3　本任务的操作方法及步骤/技术规范及要求

作业内容及图示	操作方法及步骤/技术规范及要求
穿戴防护用品 	正确穿戴工作服、手套、口罩、护目镜、安全鞋等防护用品

续表

作业内容及图示	操作方法及步骤/技术规范及要求
损坏检查之目视检查法 	借助灯光找出凹陷的位置，把灯管放在待修板件的上方或侧面，让灯管与待修板件呈垂直状态，待修板件上呈现出损坏状况
损坏检查之触摸检查法 	用手掌触摸板件损坏部位，判断出板件表面上的凹陷和凸起，检查塑性变形。用抹布将板件擦干净，确定板件变形的位置和范围
损坏检查之按压检查法 	按压检查板件表面的张力，用足够的力按压受损部位直到拇指变白，与未受损部位的张力进行对比，以判断受损部位的张力大小。即使是未受损部位，也会因为受损部位的影响而丧失张力，因此必须检查整块板件。张力小的部位会发出"啪啪"声，或者受极小的力就会变形
损坏检查之对比检查法 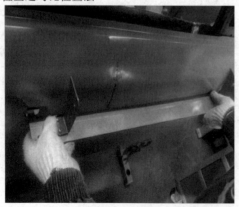	用直尺检查受损部位和未受损部位表面在量上的区别。检查是否有高点，高点在哪里，以及凹陷有多深，这非常重要。在测量低点时，把直尺放在凹陷上，根据直尺端部与板件之间空隙的大小判断损坏的严重性

续表

作业内容及图示	操作方法及步骤/技术规范及要求
粗修 	采用顶凹打凸的方法进行粗修。用钣金锤将凸起部分的端部向下敲击，用顶铁顶住凹陷部分使其趋于平整。钣金锤与板件的敲击角度为90°，敲击点为钣金锤端面的中央，以上下垂直的方向进行敲击
对损坏部位进行标记 	标记出损坏区域的上、下、左、右边界并用油漆笔画出损坏区域的边界线
打磨漆面 	用气动打磨机（安装P60#砂纸）对损坏区域进行打磨并清除凹陷部位的油漆层
打磨搭铁处并清洁 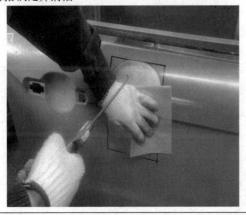	用气动打磨机（安装P60#砂纸）在车门板边缘打磨搭铁处，并用吹尘枪和除尘布对打磨部位进行清洁

续表

作业内容及图示	操作方法及步骤/技术规范及要求
安装搭铁线 	用大力钳把搭铁线固定在车门边搭铁区域
调整外形修复机参数 	先对不同品牌及规格型号的外形修复机进行适当的参数调整，再通过试焊来确定焊接参数
用组合整形工具拉伸修复棱线 	用组合整形工具对凹陷部位进行拉伸，边拉伸边用钣金锤进行敲击整形，以消除钢板应力
打磨焊点 	用气动打磨机（安装 P60#砂纸）对焊点进行打磨

续表

作业内容及图示	操作方法及步骤/技术规范及要求
用单点滑锤精修 	用单点滑锤对板件上的小凹陷处进行精修
用手动工具精修 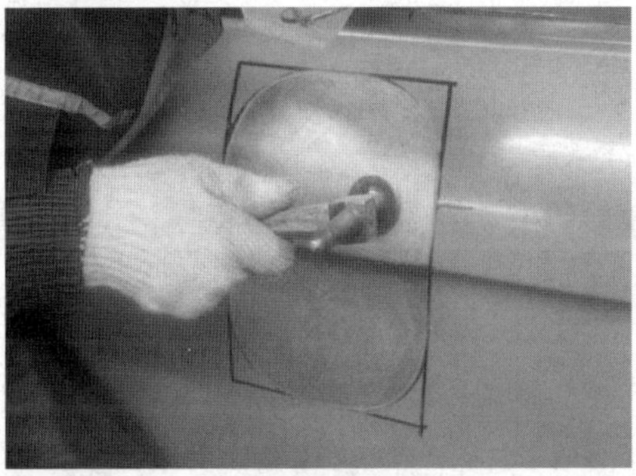	用手动工具利用正托的方式进行精修。使钣金锤与顶铁中心对正,进行敲击修整,握钣金锤的手不宜握得过紧,要用手腕的力敲击
收火 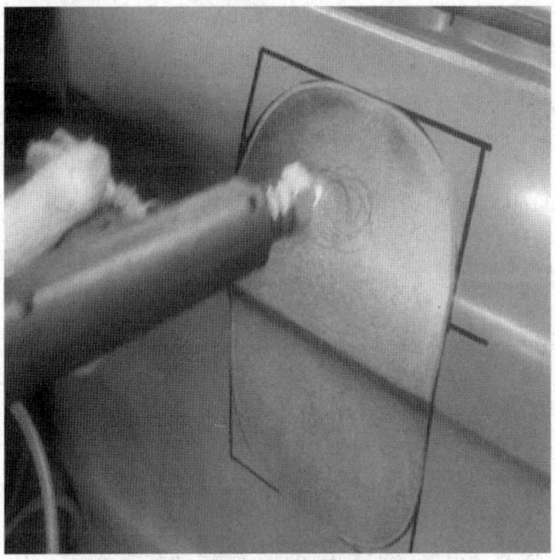	使用外形修复机配备的碳棒对板件凸起区域进行收火,并用气枪吹气进行快速冷却
打磨 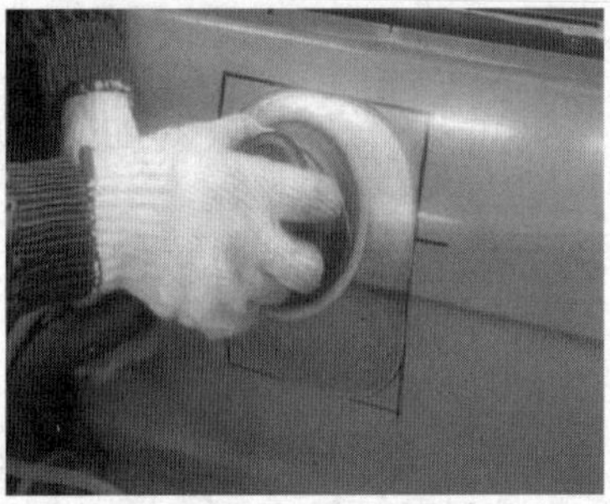	对收火时产生的痕迹进行打磨

续表

作业内容及图示	操作方法及步骤/技术规范及要求
用专用直尺检验 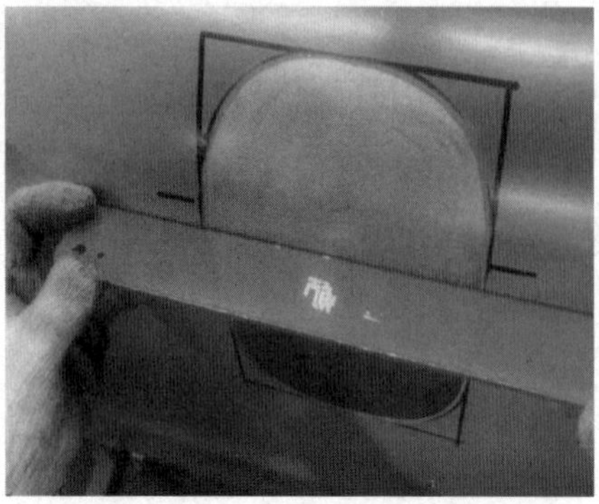	用专用直尺对修复后的板件进行检验，对存在的高点和低点再次进行修理，反复修理、检验，直到板件平整为止
修复效果检查 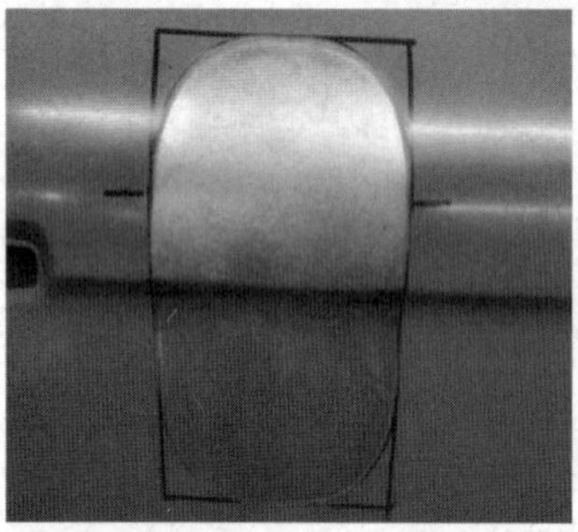	对板件的修复效果进行检查
整理工具、设备 	对修复时使用的工具、设备进行整理、清洁，将其放回原位
清洁场地 	修复完成后对场地进行清洁，做好 6S 整理工作

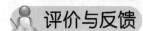 评价与反馈

请结合本小组制订的计划，完成车门的修复任务，记录在车门修复过程中遇到的问题

并查找解决方法。记录员根据操作员的操作过程和修复质量进行评分，具体评分标准如表 2-2-4 和表 2-2-5 所示。

表 2-2-4 操作过程评分表

序号	评分项目	配分	评分细则描述	扣分及细节描述	实际得分
1	安全防护	3	未正确穿戴工作服、安全鞋，或者未视情况适时穿戴手套、口罩、护目镜、耳罩等，每项扣 0.5 分		
2	外形修复机的使用	3	焊接时使用焊接挡（电流量程为 30～60A，焊接时间量程为 1～6ms），收火时使用收火挡（量程为 20～40A），每错一处扣 1 分		
3	规范操作	12	每次打磨后都要用吹尘枪和除尘布对打磨部位进行清洁，一次未做扣 1 分		
			操作过程中搭铁、焊片、工具、量具等掉落，每次扣 1 分		
			未规范使用工具（如使用三角片收火），扣 5 分		
			未使用碳棒消除修复区域的应力，修复后仍有弹性变形区域（应力未消除），扣 3 分		
4	板件打磨	9	打磨区裸金属长轴 240mm、短轴 160mm，长度每小于 5mm 为一挡，每挡扣 1 分		
			打磨区边缘应圆滑过渡，一处不规范扣 1 分		
			修复区域内有未打磨的漆面、焊点、收火氧化点，拉伸后有凸起（每 3 个为 1 处），每处扣 1 分		
5	6S 整理	3	操作完成后未清洁设备、工具或量具、场地，设备、工具或量具未归位，废弃物不放置在规定的地方，每项扣 1 分		
6	分值合计	30		总得分：	

表 2-2-5 修复质量评分表

序号	评分项目	配分	评分细则描述	扣分及细节描述	实际得分
1	修复效果	70	车身线上、下部位横向测量，应分别与对应专用卡尺吻合，低点每处（长度≤5mm 为 1 处，5mm<长度≤10mm 为 2 处，10mm<长度≤15mm 为 3 处，以此类推）扣 4 分，高点每处扣 6 分		
			车身线用卡尺测量，高点每处（长度≤5mm 为 1 处，5mm<长度≤10mm 为 2 处，10mm<长度≤15mm 为 3 处，以此类推）扣 8 分，低点每处扣 6 分		

续表

序号	评分项目	配分	评分细则描述	扣分及细节描述	实际得分
1	修复效果	70	修复完成后，原压痕位置有明显未修复痕迹，每处（每5mm为1处）扣2分		
			修复部位出现孔洞，每处（长度≤5mm为1处，5mm<长度≤10mm为2处，10mm<长度≤15mm为3处，以此类推）扣10分		
			平整度检查,颜色过深，每处（每10mm为1处）扣1分；有光亮痕迹，每处（每10mm为1处）扣1分		
			车身线上、下10mm的平整度检查，颜色过深，每处（每10mm为1处）扣5分；有光亮痕迹，每处（每10mm为1处）扣5分		
2	分值合计	70		总得分：	

 知识巩固

一、判断题

1. 车门防撞护板轻微损坏后，只要不影响车门的功能，就可以继续使用。（　　）

2. 在对金属板件进行收缩时，可以使用铁锤在顶铁上敲击。（　　）

3. 当金属受到拉伸时，可以使用收火的方式矫正。（　　）

4. 在修理凹陷时，应该从内部开始向外压平，直到边缘。（　　）

5. 在用外形修复机焊接时，要把垫圈紧紧压到金属板件上才能焊住。（　　）

6. 车门位于汽车的侧面，是一个独立的总成。（　　）

7. 车门通过铰链安装在车身上，它要反复地开启和关闭。（　　）

8. 按数量不同，车门可分为两门、三门、四门和六门等形式。（　　）

9. 车门加强梁都不适宜进行矫正，应当进行更换。（　　）

10. 车门防撞护板已经凹陷或产生其他变形，处理方法是更换为新的。（　　）

二、选择题

1. 车门防撞护板产生凹陷或其他变形，处理方法是（　　）。

A. 低温加热维修　　　　　　　　B. 更换为新的

C. 修理后只要不影响尺寸就可以继续使用

2. 车身上应用单面镀锌的部件是（　　）。

A. 挡泥板　　　　B. 车门　　　　C. 车顶板

3. 车门中柱附近受到严重碰撞，矫正时要从（　　）。

A. 3个方向同时进行拉伸矫正　　　　B. 4个方向同时进行拉伸矫正

C．5 个方向同时进行拉伸矫正

4．车门槛弯曲后在向前后拉伸矫正时，在门槛下的主夹具（　　　）。

A．与矫正平台不固定　　　　　　　B．与矫正平台固定

C．固定，但不能完全紧固

5．车门板的中间和边缘的强度是（　　　）。

A．中间高，边缘低　　　　　　　　B．中间低，边缘高

C．中间和边缘相同

6．车门板上有一条很长的划痕，其中直接损坏的比例是（　　　）。

A．80%　　　　　　B．50%　　　　　　C．10%～15%

7．在使用钣金锤敲击时应垂直敲击，两个落点之间的距离是（　　　）。

A．5mm　　　　　B．10mm　　　　　C．20mm

8．用铁锤在顶铁上敲击和用铁锤不在顶铁上敲击对金属板件的影响是（　　　）。

A．前者拉伸金属板件，后者整平金属板件

B．前者整平金属板件，后者拉伸金属板件

C．两者都拉伸金属板件

9．用外形修复机将垫圈焊接在钢板上的方法是（　　　）。

A．电弧加热　　　　B．电阻加热　　　　C．产生火焰加热

10．钢板热收缩过量，处理方法是（　　　）。

A．用铁锤在顶铁上轻敲拉伸收缩过量的钢板

B．用铁锤不在顶铁上轻敲拉伸收缩过量的钢板

C．用铁锤在顶铁上重敲拉伸收缩过量的钢板

任务3 保险杠的修复

 任务描述

　　某先生的轿车在交通事故中保险杠受损开裂，经维修技师评估分析后，需要对此开裂处进行钣金修复。用保险杠修复机修复是修复开裂效率最高的形式。现要求按照标准流程用保险杠修复机修复此开裂处以使其达到质量要求。

 知识目标

1．了解保险杠的作用。

2. 了解保险杠损伤的类型。

3. 了解保险杠的材料。

技能目标

1. 能够对保险杠进行拆装与调整。

2. 能够完成保险杠的修复。

3. 能够根据环境保护要求处理使用过的辅料、废弃液体及损坏的零部件。

素质目标

1. 培养与客户进行交流与协商的能力，能够向客户咨询车况，初步评定车辆损伤状况。

2. 养成良好的工作习惯和安全意识。

3. 培养团队协作能力，以及独立分析、解决问题的能力。

▶ 相关知识

一、保险杠的位置

汽车保险杠分为前保险杠和后保险杠，位于汽车头部的称为前保险杠，位于汽车尾部的称为后保险杠。

当汽车在低速行驶过程中发生碰撞时，前保险杠可以保护前照灯、空调散热器等部件。当汽车发生纵向碰撞时，保险杠起一定的缓冲、保护作用，可以保护驾驶员及乘客的安全，还可以在一定的程度上降低对被撞人或物的伤害。保险杠是吸收缓和外界冲击力、防止车身前后部件损坏的重要安全装置。此外，保险杠还起到一定的装置和美化作用。保险杠是车身上的一个易损件，是比较常见的维修项目。

二、保险杠损坏的类型

汽车前、后保险杠损坏通常是因为汽车追尾或撞到其他固定物，而且往往因受力很大会产生塌陷（凹坑）、不规则的褶皱或塌陷与褶皱同时产生，并且会出现裂痕等。在对其进行维修时必须设法将褶皱展开、整平。若条件允许，则可先用撑拉法展开褶皱，然后敲平；若条件不允许，则需要在分解拆卸后，在车下展开褶皱并进行整平修复。图 2-3-1 所示为保险杠侧面撞击损坏示意图。

图 2-3-1　保险杠侧面撞击损坏示意图

三、保险杠的材料

目前在汽车保险杠生产中常用的塑料有两种：热塑性塑料和热固性塑料。汽车上常见的塑料制品如图 2-3-2 所示。

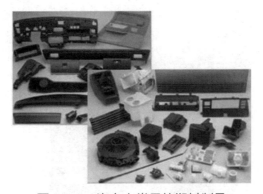

图 2-3-2　汽车上常见的塑料制品

1．热塑性塑料

热塑性塑料可以重复加热软化，其化学成分并不发生变化。这种塑料在加热时软化或熔化，在冷却后硬化，可用塑料焊枪焊接。

2．热固性塑料

热固性塑料在加热和使用催化剂或紫外光的情况下发生化学变化。硬化后得到永久形状，之后即使重复加热或使用催化剂或紫外光也不会变形。这种塑料不能焊接，可用无空气焊枪进行"胶合"。

四、保险杠材料的识别

识别塑料的一种方法是根据国际识别符号，即塑料 ISO 识别码识别。塑料 ISO 识别码常模压在塑料件上，如图 2-3-3 所示。目前越来越多的制造商使用塑料 ISO 识别码标识塑料种类。采用这种方法识别塑料存在的问题是，通常需要拆出零件来看塑料 ISO 识别码。

在修理未标塑料 ISO 识别码的零件时，可以查阅车身修理手册，手册中往往会列出所用塑料的种类。

图 2-3-3　塑料 ISO 识别码

五、塑料保险杠的黏结剂修理

塑料件的划痕和裂纹通常用黏结剂进行修理，如图 2-3-4 所示。在试用每种黏结剂进行修理之前必须阅读和了解产品说明书，遵守各项规定。

图 2-3-4　用黏结剂进行修理

（1）用水和塑料清洁剂擦拭或清洗待修理部位，最重要的是洗净接合面，去除蜡、灰尘或油脂，如图 2-3-5 所示。

图 2-3-5　用水和塑料清洁剂擦拭或清洗待修理部位

（2）清洗后，在裂纹的同一侧敷好黏结剂。

（3）把划痕或裂纹的两侧小心地按原来的位置放好，迅速紧压，压紧时间为 1min。

（4）用 320 号砂轮打磨光滑后，上色。

六、塑料保险杠的焊接

（1）塑料焊接与金属焊接相似，这两种材料的焊接都要使用热源。典型的热风式塑料焊枪如图 2-3-6 所示，塑料焊条如图 2-3-7 所示。塑料焊接方法与金属焊接方法（碰焊、填焊、搭焊等）相同。

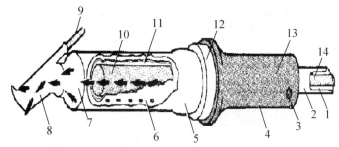

1—压缩空气或惰性气体；2—空气软管；3—螺栓；4—手柄；5—外筒体；6—内筒体；7—热空气；8—焊嘴；9—喷嘴；10—不锈钢电热元件；11—加热室；12—扳手螺母；13—冷空气；14—交流电源线。

图 2-3-6　典型的热风式塑料焊枪

图 2-3-7　塑料焊条

（2）常用的手工焊接方法是靠一只手向焊条施加压力，同时用焊枪的热气将焊条和基体材料加热并保持施加压力的动作实现结合的。

（3）热风式塑料焊枪是通过加热熔化塑料焊条和薄膜表面达到熔化、黏结作用的塑料焊枪。

（4）热风式塑料焊枪广泛应用于 PVC/PE/PP/PVDF 等塑料板材、管道的现场焊接施工，是电镀槽、化学贮罐、塑料管道等塑料件焊接的理想工具。

（5）使用热风式塑料焊枪的注意事项如下。

① 操作前检查焊枪喷嘴及枪身螺栓是否松动或脱落，交流电源线是否完好。

② 使用焊枪时必须轻拿轻放，以免碰坏焊枪内的耐热陶瓷条。

③ 操作时先将加热器功率调到最低挡位，通电后根据焊接需要逐步提高，以达到焊接所需的理想温度。

④ 焊接过程中注意焊枪喷嘴及枪头部位不要过于靠近人体、衣物和交流电源线，以

⑤ 严禁把焊枪当作电吹风机等使用。

⑥ 必须根据加工件的厚度和焊枪的功率，随时调稳压器，严禁将枪筒烧得过热。

⑦ 在焊接过程中，若焊枪出现异常响声等现象，则应立即关枪或切断电源。

⑧ 关枪前应先将旋钮调至 0℃处，吹风数分钟，等枪筒冷却后方可关枪，以免余热烫坏机件。

⑨ 待焊枪冷却后切断电源，清洁工作场地，把所有的工具及材料放好。

 任务流程

一、工具、设备及辅料准备

本任务所需的主要工具、设备及辅料如表 2-3-1 所示。

表 2-3-1　本任务所需的主要工具、设备及辅料

类型	名称	图示	类型	名称	图示
防护工具	纱手套		作业工具	保险杠修复机	
	护目镜			塑料焊条	
	降噪耳罩			热风式塑料焊枪	
	防尘口罩			气动打磨机	

二、操作方法及步骤

本任务的操作方法及步骤/技术规范及要求如表 2-3-2 所示。

表 2-3-2　本任务的操作方法及步骤/技术规范及要求

作业内容及图示	操作方法及步骤/技术规范及要求
穿戴防护用品 	正确穿戴工作服、手套、口罩、护目镜、安全鞋等防护用品
评估 	评估保险杠的损坏情况，并制订维修计划，根据保险杠的损坏情况准备修复设备及工具
清洁 	先用热肥皂水彻底清洗保险杠，然后用塑料清洁剂进行清洗。仔细清除所有的沥青、机油、油脂及内层油漆
打磨 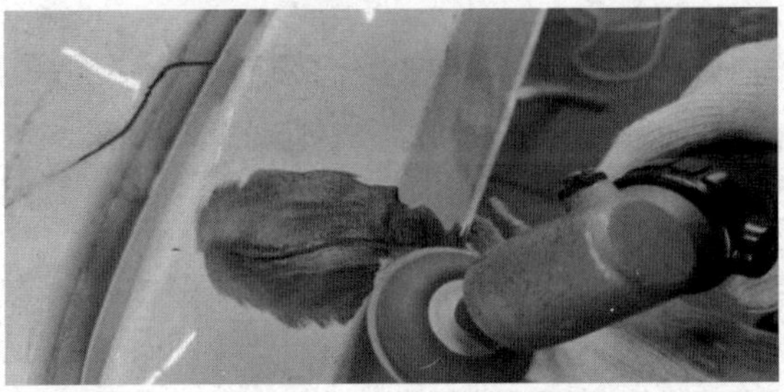	用气动打磨机（安装 P60#砂纸）对损坏区域进行打磨并清除损坏部位的油漆层

续表

作业内容及图示	操作方法及步骤/技术规范及要求
钻止裂孔 	用 6mm 的钻头在裂缝尾部钻孔，防止裂缝延长开裂
对齐固定 	用大力钳或强力胶带将断裂处对齐固定
植钉定位 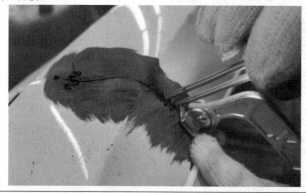	用保险杠修复机进行植钉定位，防止开裂处在焊接时变形
错位植钉 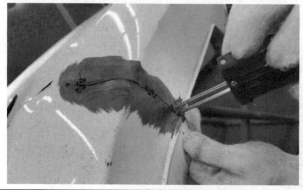	用保险杠修复机进行错位植钉，以固定开裂的损坏部位

续表

作业内容及图示	操作方法及步骤/技术规范及要求
剪钉尾 	用剪线钳剪掉钉尾，剪平板件表面
打磨钉尾 	用砂带机打磨钉尾，要求钉尾低于板件表面
打磨坡口 	用专用的打磨头在损坏部位打磨出 60°左右的 V 形坡口
清理毛刺 	用刀片清除塑料毛刺并进行清洁

续表

作业内容及图示	操作方法及步骤/技术规范及要求
焊接塑料焊条 	沿圆形轨迹移动焊枪喷嘴对焊条与母材持续进行加热，以保证两者受热均匀。将焊条压入 V 形坡口以形成连续的焊缝
热抹平处理 	用抹平枪将高出板件表面的焊条抹平
打磨清洁 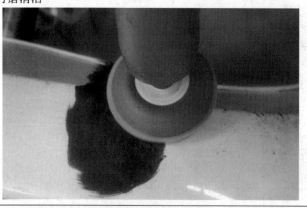	用打磨机磨平修复后的板件表面并进行清洁，要求板件表面光滑、平顺
检查修复效果 	检查修复完成的板件，要求修复后的板件牢固可靠、表面平整

续表

作业内容及图示	操作方法及步骤/技术规范及要求
清洁场地 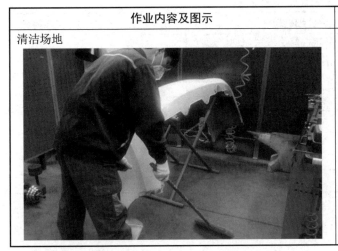	修复完成后对场地进行清洁，做好 6S 整理工作

 评价与反馈

请结合本小组制订的计划，完成保险杠的修复任务，记录在保险杠修复过程中遇到的问题并查找解决方法。记录员根据操作员的操作过程和修复质量进行评分，具体评分标准如表 2-3-3 和表 2-3-4 所示。

表 2-3-3　操作过程评分表

序号	评分项目	配分	评分细则描述	扣分及细节描述	实际得分
1	安全防护	5	未正确穿戴工作服、安全鞋，或者未视情况适时穿戴手套、口罩、护目镜、耳罩等，每项扣 1 分		
2	损伤评估	5	未确认损伤程度，扣 5 分		
3	工具使用	5	未正确使用保险杠修复机、热风式塑料焊枪、气动打磨机，扣 5 分		
4	规范操作	35	未正确对损坏区进行表面清洁，扣 5 分		
			未正确对损坏区进行表面预处理，扣 5 分		
			未正确进行坡口处理，扣 5 分		
			未正确进行定位焊，扣 10 分		
			未正确进行板件表面打磨，扣 5 分		
			超过规定时间，每超时 1min 扣 1 分		
5	6S 整理	10	操作完成后未清洁设备、工具或量具、场地，设备、工具或量具未归位，废弃物不放置在规定的地方，每项扣 1 分		
6	分值合计	60		总得分：	

表 2-3-4　修复质量评分表

序号	评分项目	配分	评分细则描述	扣分及细节描述	实际得分
1	焊接质量检验	40	焊接后的正面打磨区域与相邻区域过渡不平滑，扣 4 分		
			焊接处产生气孔、夹渣，每处扣 2 分		
			出现漏焊，每处扣 2 分，共 4 分		
			产生虚焊，每段（20mm 长度为 1 段，最后不足 20mm 算 1 段）扣 6 分		
2	分值合计	40		总得分：	

知识巩固

一、判断题

1．汽车保险杠是吸收缓和外界冲击力、防止车身前后部件损坏的安全装置。（　　）

2．金属保险杠的材料包括钢板、钢管、不锈钢及铝合金等。（　　）

3．一般塑料件黏结后经 10min 左右的硬化即可达到最大黏结强度。（　　）

4．现在的汽车保险杠通常使用金属材料制成。（　　）

5．前格栅的设计是发动机舱热管理的重要组成部分。（　　）

6．车长小于 7m 的客车前后部应设置保险杠。（　　）

7．塑料焊接利用热量将塑料基料和塑料焊条加热或单独把塑料焊条加热至熔融状态后使之连接在一起。（　　）

8．热固性塑料是可以用焊接塑料焊接的。（　　）

9．热塑性塑料是可以用焊接塑料焊接的。（　　）

10．根据制造材料的不同，保险杠材料可以分为钢材、铝合金、玻璃纤维增强的塑料和塑料等类型。（　　）

二、选择题

1．以下（　　）不是注塑保险杠的优势。

A．成本低　　　　B．质量轻　　　　C．成型容易　　　　D．强度高

2．在设计保险杠时一般需要考虑（　　）方面的法规。

A．汽车外部凸出物　　　　　　　　B．汽车内部凸出物

C．护轮板　　　　　　　　　　　　D．牌照安装

3．注塑成型的原理是将（　　）加热熔融后注入（　　），经冷却固化后获得产品。

A．塑料粒子　　　B．金属　　　　C．容器　　　　D．模具

4．常见的超声波雷达有的安装在（　　），用于测量汽车前、后障碍物；有的安装在汽车侧面，用于测量侧方障碍物距离。

A．汽车前、后保险杠上　　　　　　B．汽车驾驶室内

C．汽车车顶上　　　　　　　　　　D．汽车发动机上

5．汽车保险杠设计得越高，与行人相撞时对行人造成的伤害就越（　　）。

A．大　　　　　B．小　　　　　C．没关系　　　　　D．大小一样

6．当车身塑料件的变形与断裂并存时，应先进行（　　），然后黏合断裂处。

A．焊接　　　　　B．热矫正　　　　　C．清洁

7．将发生变形的塑料件先置于（　　）的烘箱内加热 30min，然后用手将变形部件恢复原状。

A．40℃　　　　　B．50℃　　　　　C．60℃　　　　　D．70℃

8．用电发热丝加热空气流，并且使空气流的热度达到（　　），即可熔化塑料件。

A．100～380℃　　　B．200～480℃　　　C．300～580℃　　　D．500～800℃

9．热风式塑料焊枪在不使用时，待热风温度低于（　　），就进入休眠状态。

A．50℃　　　　　B．100℃　　　　　C．200℃　　　　　D．250℃

10．对于保险杠的较大变形，应使用（　　）加热变形部位，塑料件稍一变软立即对变形部位进行按压矫正。

A．红外线烘干灯　　　　　　　　　B．氧乙炔

C．火焰　　　　　　　　　　　　　D．电烙铁

11．保险杠能吸收缓和外界冲击力、保护车身，使车身受到的损伤（　　），同时通过缓冲使被撞的人或物受到的伤害程度大大降低。

A．增大　　　　　B．减小　　　　　C．不变　　　　　D．没关系

项目3

车身板件接合与更换

📖 项目描述

在汽车车身的生产中，除在局部（如前柱部位）少量采用气体保护焊以外，95%以上的焊接采用的是电阻点焊，一辆汽车上大约有 4000 个电阻点焊焊点。在汽车车身的生产中大量采用电阻点焊的主要原因如下：可实现焊接自动化（采用焊接机器人），实现流水线大规模生产；焊接强度高，可保证每个焊点的强度一致；成本低，只需耗电不需要其他耗材；焊接速度快，一个焊点的焊接时间不超过 1s。

当车身，特别是钢质车身，要通过切割更换板件来进行修复时，板件的重新装配主要是依靠焊接的方法完成的，其中主要的焊接方式是电阻点焊和气体保护焊中的对接焊、搭接焊、塞焊。在焊接时必须按照焊接规范操作，以保证修复后的车身强度达到原来的强度。

❓ 思考与成长

本项目设计了 3 个工作任务，车身板件接合与更换是汽车车身维修中的重要环节，不仅涉及汽车车身的结构和材料，还与安全和维修等方面密切相关。完成本项目的工作任务要求学生具备良好的专业素养和较高的技能水平，并且要满足安全操作、充分准备、精确测量、保持原状、技能提升、质量保证和环境保护等方面的要求。通过本项目的学习，大家思考一下：产生何种碰撞损伤才需要更换车身板件？是不是更换比维修更好？

 任务1 **电阻点焊**

任务描述

按照操作说明使用各种工具、电阻点焊机,在准备好的耗材钢板上划出焊点的中心点,确定焊接位置,进行电阻点焊,如图 3-1-1 所示。

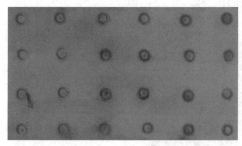

图 3-1-1 电阻点焊

 知识目标

1. 了解电阻点焊的特点、焊接原理及应用。
2. 了解电阻点焊机的组成和工作原理,以及焊接缺陷及其产生原因。

 技能目标

1. 能够做好电阻点焊操作前的准备工作。
2. 能够使用电阻点焊机规范地进行电阻点焊操作。

 素质目标

1. 培养爱岗敬业的职业道德。
2. 养成良好的工作习惯和安全意识。

相关知识

一、电阻点焊的特点

电阻点焊是汽车制造厂在流水线上对整体式车身进行焊接时最常用的一种方法,如图 3-1-2 所示。在整体式车身上进行的焊接中,有 90%～95%采用的是电阻点焊。在修理大量采用高强度钢和超高强度钢制成的汽车车身时,同样要求采用电阻点焊机进行焊接。

汽车车身修理所用的电阻点焊机通常是指需要在金属板件的两边同时进行焊接的设备（双面点焊设备），而不是指从同一边将两块金属板件焊接起来的点焊设备（单面点焊设备）。双面点焊设备用于结构件的点焊，而单面点焊设备的焊接强度比较低，一般只能用于外部装饰性板件的焊接。

电阻点焊具有下列优点：焊接成本比气体保护焊等低；没有焊丝、焊条或气体等的消耗；焊接过程中不产生烟或蒸气；焊接时不需要去除板件上的镀锌层；焊接接头的外观质量与汽车制造厂的焊接接头的外观质量完全相同；不需要对焊缝进行研磨；焊接速度快，只需 1s 或更短的时间便可焊接高强度钢、高强度低合金钢或低碳钢；焊接强度高，受热

图 3-1-2 整体式车身生产过程中电阻点焊的效果

范围小，金属板件不易变形；焊接过程中产生的热量少，对金属板件的影响小，可以进行快速、高质量的焊接，要求操作者掌握的操作技巧比较少。电阻点焊机适用于焊接整体式车身上要求焊接强度高、不变形的薄型零部件，如车顶、窗洞和门洞、车门槛板及许多外部壁板等。在使用电阻点焊机时，维修人员必须知道如何调整电阻点焊机的参数，以及如何进行试焊和正式焊接。

二、电阻点焊的焊接原理

电阻点焊是利用低电压、高强度的电流流过夹紧的两块金属板件时产生的大量电阻热，通过焊枪的电极压力把它们熔合在一起的焊接方法，如图 3-1-3 所示。电阻点焊主要有如下三个参数。

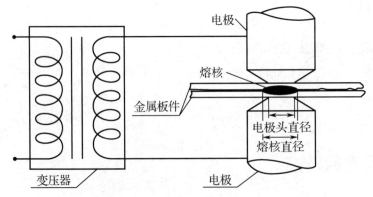

图 3-1-3 电阻点焊的焊接原理

1. 电极压力

两块金属板件之间的焊接强度与电极施加在金属板件上的力有直接关系，如图 3-1-3

所示。当电极压力将两块金属板件挤压到一起时，电流从焊枪的电极流入金属板件，使两块金属板件熔化并熔合。电极压力过小、焊接电流过大都会导致产生焊接飞溅物，从而使焊接强度降低。电极压力过大会导致焊点过小，从而使焊接强度降低。电极压力过大还会使电极头压入被焊金属板件软化部位过深，从而使焊接强度降低。电极压力对焊点的影响如图 3-1-4 所示。

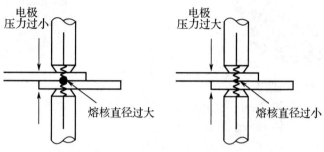

图 3-1-4　电极压力对焊点的影响

2. 焊接电流

给金属板件加压后，一股很强的电流从焊枪的电极流入两块金属板件。在金属板件的接合处电阻值最大，电阻热使金属板件温度迅速上升，如图 3-1-5（a）所示。如果电流不断流过，那么两块金属板件便熔化并熔合，如图 3-1-5（b）所示。焊接电流过大或焊枪压力过小会导致产生焊接飞溅物。适当减小焊接电流或增大电极压力，可使焊接飞溅物减少到最少。焊接电流和电极压力对焊接质量有直接影响。一般通过观察焊点的颜色变化就可以判断焊接电流的大小，如图 3-1-6 所示。当焊接电流正常时，焊点中间电极触头接触部分颜色不会发生变化，与未焊接之前的颜色相同，如图 3-1-6（a）所示；当焊接电流过大时，焊点中间电极触头接触部分颜色变深，呈蓝色，如图 3-1-6（b）所示。

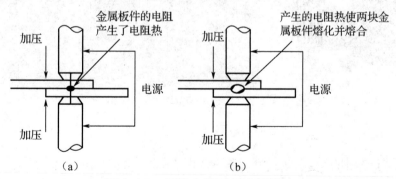

图 3-1-5　焊接电流对焊点的影响

3. 加压时间

停止通电后，焊接部位熔化的金属开始冷却，凝固的金属形成圆而平的焊点。对焊点施加合适的压力可使焊点的结构紧密，有很高的机械强度。加压时间是一个非常重要的因素，加压时间太短会使金属熔合不够紧密。在进行焊接操作时，加压时间一般不应少于焊机说明书上的规定值。

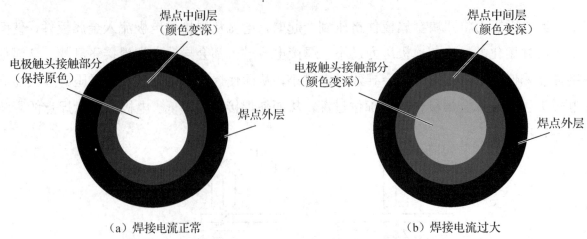

(a) 焊接电流正常　　　　　　　　　　　　　(b) 焊接电流过大

图 3-1-6　焊接电流与焊点颜色变化的关系

三、焊接设备

电阻点焊机主要由焊钳、控制器、电极、变压器及辅助部件组成。常见的几种电阻点焊机如图 3-1-7 所示。

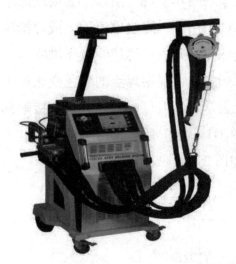

图 3-1-7　常见的几种电阻点焊机

1. 焊钳

根据变压器与焊钳的结构关系可将焊钳分为分离式焊钳和一体式焊钳。

（1）分离式焊钳。分离式焊钳减小了焊机输出端（焊枪）的负载，运动速度高，价格便宜。其主要缺点是需要大容量的变压器，电力损耗较大，能源利用率低。此外，粗重的二次电缆会对机器人的手臂施加拉力和扭转力，限制了点焊工作区间和焊接位置的选择。

（2）一体式焊钳。一体式焊钳与变压器安装在一起，共同固定在焊枪末端。其主要优点是节省能量。其主要缺点是焊钳质量大，要求的负载能力高。但是随着逆变焊钳的发展，以及机器负载能力的提高，一体式焊钳会得到广泛的应用。目前机器人点焊钳多数为气动

式焊钳，气动式焊钳电极的张开和闭合是通过气缸实现的，电极的张开度一般有两级：大行程时电极的张开度大，保证在将焊钳伸入夹具或工件内部时与夹具或工件不发生碰撞；小行程时电极的张开度小，在连续点焊时可缩短电极张开和闭合的时间。

2. 控制器

控制器的主要功能是完成点焊时的焊接参数输入、点焊程序控制、焊接电流控制及焊接系统故障自诊断。目前大部分汽车制造厂认可的电阻点焊机已经实现了半自动全智能模式，操作人员只需了解电阻点焊机的工作原理及面板控制调节方法，根据维修手册中给出的相关参数进行调整，便可实现高质量的电阻点焊作业。

在进行焊接前，要先查阅维修手册，在更换车身上的各种面板和内部板件时，所有的焊接接头大小应该和原来的焊接接头大小一致，焊点数量应该与维修前相等或适当增加，维修手册中根据部件的作用、物理性能和在车身上的位置等因素给出了最佳的焊接方式。

3. 电极

点焊时电极的主要功能有以下几个。

（1）向工件传递电流。

（2）向工件传递压力。

（3）传导分散焊接区的部分热量。

由于电极的端面直接与高温的工件表面接触，因此电极除应具有优良的导电、导热能力以外，还应具有承受高温和高压的能力。

电极材料多为各种铜合金，一般来说合金越硬，其导电、导热能力越低。在选择电极材料时要综合考虑其导电、导热能力及力学性能。例如，为了防止黏附，要求电极材料具有高的导热能力，为此可牺牲一定的抗压强度；在焊接不锈钢时，为了获得高的焊接压力，不得不牺牲导热能力以获得高的抗压强度。电极的大小和形状应根据被焊工件的材料及厚度来选择。

四、焊接缺陷及其产生原因

在点焊过程中，若操作不当，则会产生各种焊接缺陷，从而影响焊接质量。点焊时易产生的各种焊接缺陷及其产生原因如表 3-1-1 所示。

表 3-1-1　点焊时易产生的各种焊接缺陷及其产生原因

焊接缺陷	产生原因
未熔透	电极头直径过大，焊接电流过小
焊点过小	焊接电流不够大，加压时间过短
焊点压坑太深	焊接电流过大，电极头直径过小，电极压力不当
焊点不正	上、下电极错位，通电时电极移动，电极头整形不良，工件与电极不垂直

续表

焊接缺陷	产生原因
焊点表面喷溅	电极压力不足，焊接电流过大，电极头直径过小，电极头整形不良，工件表面、焊点表面污染
焊点喷溅	焊点距边缘太近，焊接电流过大，电极压力不足，通电时电极移动，上、下电极错位
电极工件粘连	工件表面污染，焊接电流过大，加压时间过长，电极水冷不良
裂纹、缩孔、针孔	在焊点未凝固前卸去电极压力，电极压力不足，焊接电流过大，通电时电极移动
焊点周围上翘	焊接电流过大，电极压力过大，电极头直径过小，工件接触不良，上、下电极错位

五、电阻点焊机的安全操作规程

（1）焊接前必须穿戴工作服、护目镜、安全鞋等。

（2）焊接前要保证焊臂上的螺钉连接紧固、接触良好。

（3）焊接前要用砂纸除去焊接电路上的氧化物。

（4）将焊件的表面油污、油漆等处理干净，将工件用各种夹钳定位、夹紧，防止飞溅。

（5）焊接前工作台附近 3m 内不得有钟表、手机、磁卡、计算机等易受磁场影响的物品，以免损坏这些物品。

（6）定期维护，如检查电缆线、调整电极头、定期更换空气过滤器的滤芯等。

（7）水箱中要保持大约 3/4 的冷却液，每两年换一次冷却液，冷却液最好使用蒸馏水，要在一个可回收的地方处理冷却液。

 任务流程

一、工具、设备及辅料准备

本任务所需的主要工具、设备及辅料如表 3-1-2 所示。

表 3-1-2　本任务所需的主要工具、设备及辅料

类型	名称	图示	类型	名称	图示
防护工具	全面罩		防护工具	焊接手套	
	防尘口罩			纱手套	

续表

类型	名称	图示	类型	名称	图示
作业工具	大力钳	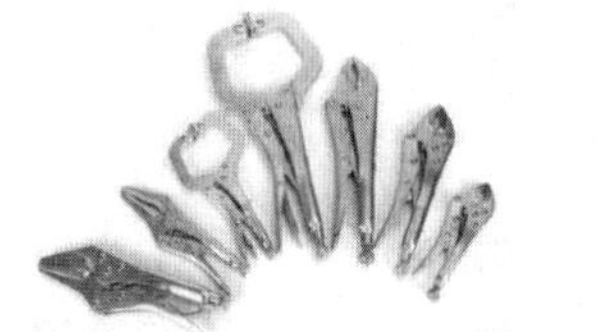	作业工具	线錾	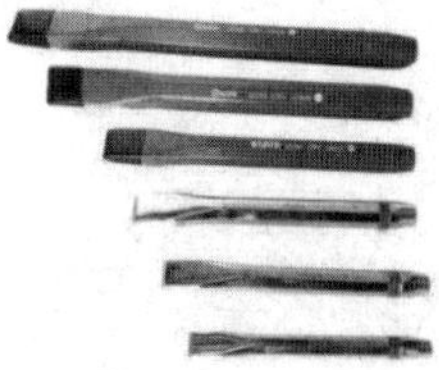
	手锤			高度尺	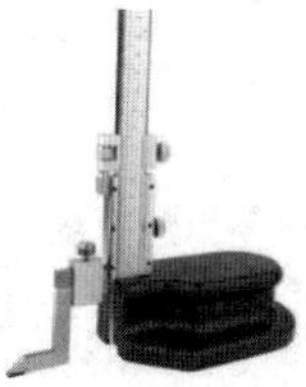
	除油布	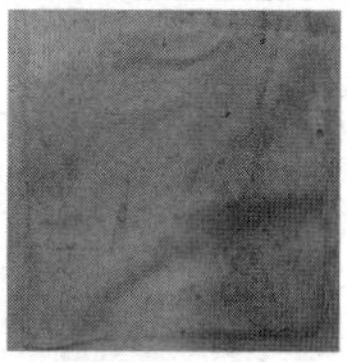			

二、操作方法及步骤

本任务的操作方法及步骤/技术规范及要求如表 3-1-3 所示。

表 3-1-3　本任务的操作方法及步骤/技术规范及要求

作业内容及图示	操作方法及步骤/技术规范及要求
穿戴防护用品 	正确穿戴工作服、手套、口罩、全面罩、安全鞋等防护用品
焊接表面的处理 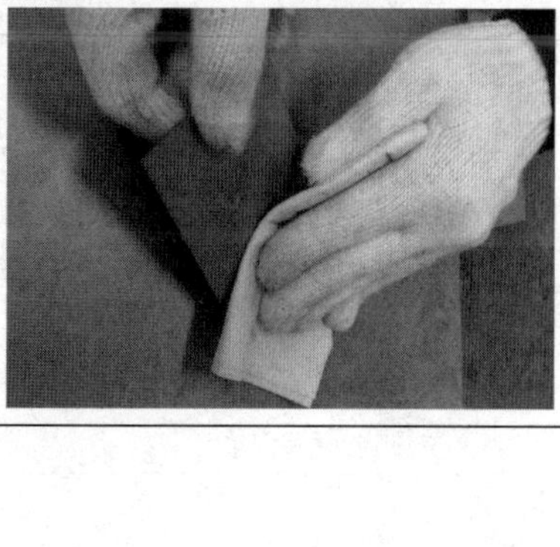	因为需要焊接的金属板件表面上的漆层、锈斑、灰尘或其他任何污染物都会减小焊接电流，使焊接质量降低，所以要将这些物质从焊接表面上清除

续表

作业内容及图示	操作方法及步骤/技术规范及要求
确定焊接位置 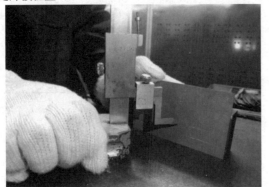	用高度尺在金属板件上划出焊点的中心点，确定焊接位置
固定金属板件 	在点焊前，使用夹紧装置或固定工具固定金属板件，消除它们之间的空隙后才能进行焊接
调整焊接参数 	根据金属板件的厚度调整好焊接电流、加压时间、压缩空气压力等参数，把焊钳电极头放到金属板件上，并使电极头与金属板件表面保持垂直状态。加压时间也和焊点的形成有关。当加压时间延长时，所产生的热量增加，焊点直径和焊接熔深随之增大，焊接部位散发出的热量随之增加
破坏性试验（旋转试验） 	（1）取两块和需要焊接的金属板件材料相同、厚度相同的板件进行试焊。 　　（2）将焊接完成的工件相对旋转后在其中一块焊片上留下一个直径与焊点直径相同的孔。如果孔过小或根本没有孔，则说明焊接强度太低，需要重新调整焊接参数

续表

作业内容及图示	操作方法及步骤/技术规范及要求
破坏性试验（撕裂试验） 	（1）取两块和需要焊接的金属板件材料相同、厚度相同的板件进行试焊。 （2）将焊接完成的工件撕裂后在其中一块焊片上留下一个直径大于焊点直径的孔。如果留下的孔过小或根本没有孔，则说明焊接强度太低，需要重新调整焊接参数
正式焊接 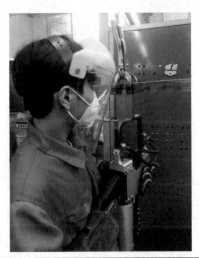	拿起焊枪并将它放在适当的位置，先使焊枪的电极与车身上需要焊接的部位接触，然后触发压力开关，将焊接压力施加到需要焊接的金属板件两边。 在进行点焊操作时，要做到以下几点。 （1）尽量采用双面点焊的方法。对于无法进行双面点焊的部位，可采用气体保护焊中的塞焊法来焊接，不能采用单面点焊的方法来焊接结构件。 （2）电极和金属板件之间的夹角应为 90°。如果这个角度不正确，焊接电流就会减小，从而使焊接强度降低
检测焊接质量 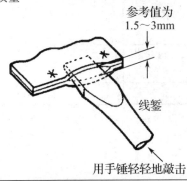	在点焊完成后检测焊接质量，可用线錾和手锤按以下方法检验焊接的质量。将线錾插到焊接的两块金属板件之间，并用手锤轻轻地敲击线錾的端部，直到在两块金属板件之间形成 1.5～3mm 的缝隙（当金属板件厚度大于 1mm 时）为止
清洁场地 	操作完成后对场地进行清洁，做好 6S 整理工作

评价与反馈

请结合本小组制订的计划，完成电阻点焊任务，记录在电阻点焊过程中遇到的问题并查找解决方法。记录员根据操作员的操作过程和焊接质量进行评分，具体评分标准如表 3-1-4 和表 3-1-5 所示。

表 3-1-4 操作过程评分表

序号	评分项目	配分	评分细则描述	扣分及细节描述	实际得分
1	安全防护	5	未正确穿戴工作服、安全鞋，或者未视情况适时穿戴手套、口罩、全面罩等，每项扣 1 分		
2	焊接参数调整	10	焊接电流超出范围（60～90A）扣 5 分，加压时间超出范围（30～60A）扣 5 分		
3	规范操作	15	划线前要用抹布擦拭板件及试焊片，1 件未擦拭扣 5 分		
			操作过程中工具、工件等掉落，每次扣 1 分		
4	6S 整理	10	操作完成后未清洁设备、工具或量具、场地，设备、工具或量具未归位，每项扣 1 分		
5	分值合计	40		总得分：	

表 3-1-5 焊接质量评分表

序号	评分项目	配分	评分细则描述	扣分及细节描述	实际得分
1	电阻点焊质量	60	电阻点焊焊点不符合标准要求，每个扣 2 分		
			电阻点焊焊点偏离长度（间距和十字）>±1mm，每个扣 1 分		
			电阻点焊焊点失圆>1mm，每个扣 1 分		
2	分值合计	60		总得分：	

知识巩固

一、判断题

1. 电极压力越大，电阻点焊的焊接强度越高。　　　　　　　　　　　（　　　）

2. 电阻点焊的焊接电压大，焊件熔化大，就会产生飞溅。　　　　　　（　　　）

3. 当电阻点焊的焊接电流达不到要求时，需要通过增加加压时间来进行调整。

　　　　　　　　　　　　　　　　　　　　　　　　　　　　　　　（　　　）

4. 在进行电阻点焊时，焊缝一定要干净并且焊缝要小。　　　　　　　（　　　）

5. 当采用电阻点焊方法焊接 1.0mm 厚的板件时，焊点到边缘的距离应该大于 8mm。

　　　　　　　　　　　　　　　　　　　　　　　　　　　　　　　（　　　）

6. 代替电阻点焊的方法是气体保护焊中的搭接焊。　　　　　　　　　（　　）

7. 在进行电阻点焊时，电极头直径增大，焊点直径也会随之增大，但不能无限增大。

　　　　　　　　　　　　　　　　　　　　　　　　　　　　　　　（　　）

8. 当采用电阻点焊方法焊接三层钢板时，为了提高焊接强度，可以在一个焊点焊接两次。　　　　　　　　　　　　　　　　　　　　　　　　　　　　　　（　　）

9. 在电阻点焊破坏性试验中，焊点被破坏说明试验合格。　　　　　　（　　）

10. 在进行电阻点焊时，焊点的密度越大，焊接强度越高。　　　　　　（　　）

二、选择题

1. 在进行电阻点焊时，防腐工作在（　　）。

A. 焊接后全车身一起进行　　　　　　B. 焊接后马上进行

C. 焊接之前进行

2. 电阻点焊两个焊点间距过小时焊接强度会降低的原因是（　　）。

A. 焊接电流被分流　　　　　　　　　B. 焊接时间会缩短

C. 两个焊点的热影响

3. 整体式车身上采用电阻点焊方法焊接的板件达到总量的（　　）。

A. 80%～90%　　　B. 70%～80%　　　C. 90%～95%

4. 电阻点焊的焊接电流调大时会产生的现象是（　　）。

A. 飞溅变多，焊点颜色变深　　　　　B. 飞溅变少，焊点颜色变深

C. 飞溅变多，焊点颜色变浅

5. 电阻点焊的焊接电压一般是（　　）。

A. 5～10V　　　　　B. 10～15V　　　　　C. 2～5V

6. 车身修复用的电阻点焊设备的一般要求：当配备 100mm 或更短的缩短型电极臂时，其最大焊接能力达到（　　）。

A. 焊接两层 2.0mm 厚的钢板　　　　B. 焊接两层 2.5mm 厚的钢板

C. 焊接两层 3.0mm 厚的钢板

7. 车身修复用的电阻点焊设备的一般要求：当配备加长电极臂时，其最大焊接能力达到（　　）。

A. 焊接两层 1.0mm 厚的钢板　　　　B. 焊接两层 1.5mm 厚的钢板

C. 焊接两层 2.0mm 厚的钢板

8. 当用电阻点焊设备焊接 1mm 厚的钢板时，电极头的直径要求是（　　）。

A. 5mm　　　　　　B. 4mm　　　　　　C. 6mm

9. 在用电阻点焊设备进行焊接时，电极与钢板之间的最佳角度是（　　）。

A. 60°　　　　　　B. 90°　　　　　　C. 120°

10. 在进行电阻点焊时，原焊点有4个，修理时要增加（　　　）。

A．3个焊点　　　　B．1个焊点　　　　C．4个焊点

任务2 气体保护焊

 任务描述

一辆汽车右前车门破损，模拟对破损车门进行焊接修复作业，要进行焊接修复的损伤确认与评估工作，并进行表面处理。要求通过正确使用气体保护焊机，对焊机的焊接电流、焊接电压、送丝速度进行正确调节，并且能对两块1mm厚的工件进行连续点焊，如图3-2-1所示。

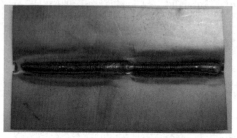

图3-2-1　气体保护焊

 知识目标

1. 了解气体保护焊的作用。
2. 了解气体保护焊的原理。
3. 了解气体保护焊的特点和焊接方式。

 技能目标

1. 掌握气体保护焊机的参数调节方法。
2. 能够使用气体保护焊机进行板件修复。

 素质目标

1. 培养爱岗敬业的职业道德。
2. 养成良好的工作习惯和安全意识。

➡ 相关知识

当车身，特别是钢质车身，要通过切割更换板件来进行修复时，板件的重新装配主要

依靠焊接的方法完成，其中主要的焊接方式是电阻点焊和气体保护焊中的对接焊、搭接焊、塞焊。在焊接时必须按照焊接规范进行操作，以保证修复的车身强度达到原来的强度。

一、气体保护焊机简介

气体保护焊机具有下降外特性，可将 220V 和 380V 交流电转变为低压的直流电。气体保护焊机按输出电源种类一般可分为两种：一种是交流气体保护焊机，另一种是直流气体保护焊机。直流气体保护焊机电流转变方式为 AC—DC—AC—DC。气体保护焊机由电源、送丝机两部分组成，保护气体有二氧化碳、二氧化碳与氩气混合气体、二氧化碳与氦气混合气体。

二、气体保护焊的原理

气体保护焊是利用气体作为电弧介质并保护电弧和焊接区的电弧焊，又称为气体保护电弧焊，简称气保焊。气体保护焊机的组成如图 3-2-2 所示。

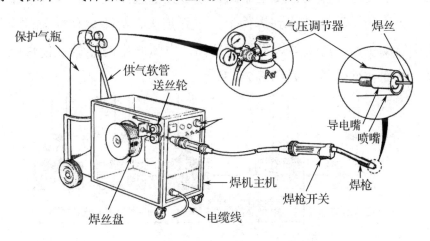

图 3-2-2　气体保护焊机的组成

气体保护焊通常按照电极是否熔化和保护气体不同，分为非熔化极（钨极）惰性气体保护焊（TIG）和熔化极气体保护焊（GMAW），其中熔化极气体保护焊包括惰性气体保护焊（MIG）、氧化性混合气体保护焊（MAG）、二氧化碳气体保护焊、管状焊丝气体保护焊（FCAW）。

气体保护焊是一种熔化焊丝和焊件的气体金属弧焊方法，通过加热将焊丝和焊件熔化焊接在一起。焊丝根据焊机的设置以一个恒定的速度自动供给。

在焊接过程中，从保护气瓶中供给保护气体，以保护焊接区，隔绝大气中的气体，如氮气和氧气。如果这些气体接触电极、电弧或焊接金属，则可能导致熔化缺陷、产生孔隙和焊

接金属脆化。二氧化碳气体保护焊是一个熔滴过渡过程，被称为短路法焊接，如图3-2-3所示。

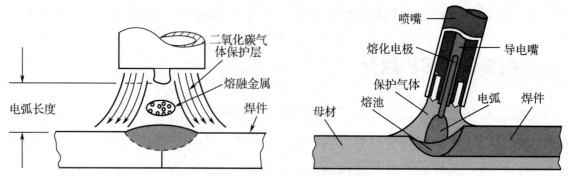

图 3-2-3　焊丝和焊件熔化过程

在焊接薄板时，往往会出现变形、燃烧等问题。为了防止出现这样的问题，需要减少热量输入。下面说明采用短路法保持薄板最佳焊接的低穿透深度。

气体保护焊从原理上看包括短路过渡电弧焊和颗粒过渡电弧焊。颗粒过渡电弧焊适用于厚板的焊接，下面只介绍短路过渡电弧焊的原理。

按下焊枪开关使焊丝与焊件发生短路，焊丝端部产生电弧，电弧产生的热量使焊丝端部熔化形成熔滴，熔滴与焊件接触发生短路，同时强电流流过金属，短路部位因受挤压力的作用而分离，分离的熔滴被转移到焊件上，电弧熄灭，处于熔化状态的金属冷却变平。焊丝以一定速度自动供给，再次与焊件发生短路，电弧产生的热量又使焊丝端部熔化，此过程不断反复，从而实现焊接，如图3-2-4所示。

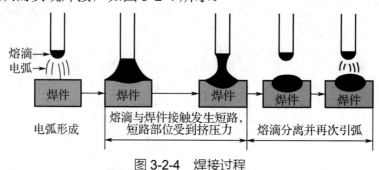

图 3-2-4　焊接过程

三、气体保护焊的特点

由于气体保护焊有比其他焊接方法更显著的优点，因此它被大量地应用到汽车车身的维修中。气体保护焊的特点如下。

（1）操作简单，容易掌握，已掌握其他焊接方法的焊工能够很快地学会气体保护焊。

（2）在焊接过程中，焊接飞溅少、焊渣少、焊缝清洁美观。使用不同的保护气体对焊接结果的影响不同，使用纯二氧化碳作为保护气体时产生的焊接飞溅要比使用二氧化碳与氩气混合气体（二氧化碳25%、氩气75%）或纯氩气作为保护气体时产生的焊接飞溅多。

（3）不同厚度的金属板件都可以使用气体保护焊方法进行焊接。由于气体保护焊在焊接过程中焊接电流较小，板件加热区产生的热量少，因此板件焊接后变形小，减小了焊接对板件强度的影响，尤其是对薄板进行焊接，效果最为明显。

（4）焊接方向多样。由于气体保护焊在焊接过程中对金属的加热时间短，金属冷却速度快，不会产生熔滴的滴落，因此气体保护焊既可以平焊，也可以立焊、仰焊。

（5）适用于各种连接形式的焊接。气体保护焊由于送丝持久、连续，焊接操作简单，因此适用于对接焊、定位焊、塞焊、搭焊、点焊、连续焊等形式的焊接。

（6）气体保护焊的焊接电流、送丝速度、保护气体流量可调，可以根据实际情况进行相应的调整，进而加快焊接速度，提高工作效率。

（7）使用一种焊丝可以对几乎所有种类的钢材进行焊接。

（8）由于气体保护焊的送丝自动进行，因此对焊丝浪费少。

（9）由于气体保护焊在焊接过程中，焊件的受热区域较小，热量相对集中，因此气体保护焊可用于油箱、油管等危险部件附近区域的焊接。

四、焊接材料

焊丝是气体保护焊的焊接材料，二氧化碳气体保护焊的焊丝有不同的直径，主要根据焊件的厚度进行选择。在车身维修中常用实心的焊丝，其主要是由合金钢丝制成的，直径一般选择 0.6mm 或 0.8mm。

五、工艺参数

1．焊接电流

焊接电流会直接影响焊件和母材的熔透深度、焊缝宽度、焊缝余高、焊丝的熔化速度、电弧的稳定性及飞溅量等。

2．焊接电压

电弧长度取决于焊接电压。发出连续且轻微的"咝咝"声表明焊接电压和焊接电流合适，发出"噼啪、噼啪"声表明情况不佳。对于焊接电压、焊接电流的调整，有的设备在焊机调节面板（见图 3-2-5）上进行，有的设备在送丝机构上进行。

3．送丝速度

送丝速度太慢，会导致不能及时填敷焊缝，从而造成焊缝下凹，严重时会听到"咝咝"声和"啪嗒"声；送丝速度太快，会使熔化的焊丝量超过能加热的量和熔池所能容纳的量或焊丝来不及熔化，从而使焊丝熔化成很小的球状熔滴飞溅出去，出现闪光。

图 3-2-5　焊机调节面板

4. 焊丝伸出长度

（1）一般焊丝伸出长度是焊丝直径的 10 倍，如图 3-2-6（a）所示，过长部分应该剪去。

（2）在剪断焊丝时要让焊丝朝地再剪，以免焊丝伤到人，如图 3-2-6（b）所示。

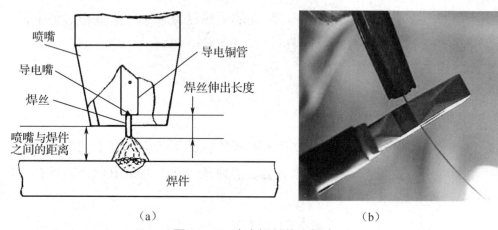

（a）　　　　　　　　　　　　　　　　（b）

图 3-2-6　确定焊丝伸出长度

5. 气体流量调节

可参考焊丝直径调节焊接时的气体流量，一般细焊丝（直径为 0.6～1mm）的气体流量为 5～15L/min，粗焊丝（直径为 1～2mm）的气体流量为 15～25L/min。气体流量调节阀如图 3-2-7 所示。

图 3-2-7　气体流量调节阀

6．焊接速度

焊接速度过快，会使熔透深度和焊道宽度都较小，焊缝呈拱形；焊接速度过慢，会导致焊件被烧穿。焊接速度一般根据焊件的厚度和焊接电压来确定。

六、焊接过程

1．焊前准备

（1）调整导电嘴与喷嘴之间的距离。

在焊接时导电嘴的下端应靠近但不能接触焊件表面，导电嘴与喷嘴之间的距离可以根据焊丝伸出长度进行调整。如果焊丝伸出太长或末端呈较大的球状，则应将它剪掉，保留合适的焊丝伸出长度。注意，在剪断焊丝头时，导电嘴应该朝地，以免伤到人。

（2）焊前清洁工作。

检查喷嘴和导电嘴，清除飞溅出来粘在喷嘴上的金属。为了防止飞溅的金属粘在喷嘴上，可以适量放一些防堵剂。导电嘴磨损后必须更换，以保证电弧稳定。

2．焊接方式

焊接方式可分为定位焊、连续焊、点焊、连续点焊、塞焊及其他焊接方式。

（1）定位焊。

定位焊是指在车身维修中用临时焊点来代替定位夹钳或固定螺钉，以保证安装的各个板件位置的准确性。

定位焊的焊点间距是焊件厚度的 20 倍左右。定位后要再次检查安装情况，无错误后才能进行加固焊接，如图 3-2-8 所示。

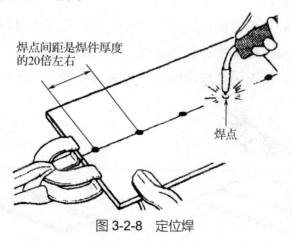

焊点间距是焊件厚度的20倍左右

焊点

图 3-2-8　定位焊

（2）连续焊。

连续焊一般用来焊接较厚的金属板。对于薄金属板的焊接，一般推荐使用点焊、塞焊、连续点焊或规定长度的连续焊。

在焊接铝材时应采用连续焊，因为采用连续焊与采用连续点焊相比产生的氧化缺陷要少。

为了得到足够大的焊缝宽度，在连续焊过程中焊枪必须摆动，摆动轨迹有锯齿形和螺旋形等，如图 3-2-9 所示。

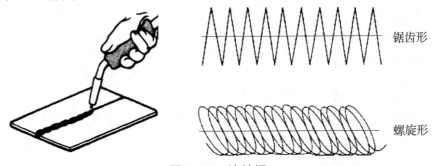

锯齿形

螺旋形

图 3-2-9 连续焊

（3）点焊。

点焊在重叠的两块金属板的上层板上实施，如图 3-2-10 所示。要注意区别定位焊和连续点焊。

由于在重叠的两块金属板的上层板上实施点焊所需的热量比实施连续焊多得多，因此应先进行试焊以确定焊接参数。

在进行气体保护焊点焊时，需要使用专用喷嘴，而不应使用标准喷嘴。在焊接时，要先根据焊件情况调整点焊时间、焊接电流和焊接电压。

（4）连续点焊。

连续焊易造成车身板件烧穿，而点焊的焊接强度在有些结构件上显得有些不足，连续点焊正好可解决这些问题。

利用气体保护焊机的点焊功能，只要一直按下焊枪开关就可以方便地实现"焊—停—焊—停—焊—停"的连续点焊工作，如图 3-2-11 所示。

在进行连续点焊时，使用的是标准喷嘴，而不是点焊专用喷嘴。

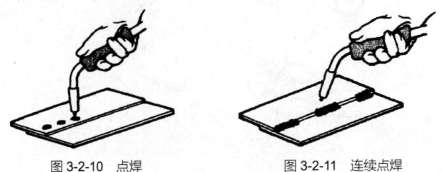

图 3-2-10 点焊   图 3-2-11 连续点焊

（5）塞焊。

塞焊在车身维修中用来代替汽车制造时使用的电阻点焊。塞焊的焊接强度很高，可用

于结构件、装饰性板件和薄板件的焊接。

塞焊在焊接之前需要先在外侧板件上钻孔或冲孔。在焊接时应将两块板件夹紧，焊枪垂直于有孔的板件，将焊丝伸到孔内，控制好焊接时间进行定点焊接，如图 3-2-12 所示。

对于要求焊接多层板件的情况，应将孔设置为阶梯形，逐层塞焊，如图 3-2-13 所示。

图 3-2-12 塞焊

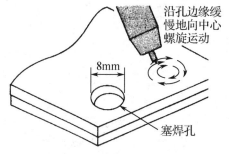

图 3-2-13 多层板件的塞焊

在进行车身维修时，塞焊应完全按原有焊点的数量和尺寸进行焊接。在板件上加工出的孔直径不应大于原电阻点焊熔核的直径。

大多数结构件上的塞焊孔直径应为 8～10mm。当塞焊孔直径较大时，焊枪应沿孔边缘缓慢地向中心螺旋运动。对于小孔塞焊，焊接时焊枪对准孔的中心固定不动即可。塞焊效果如图 3-2-14 所示。

（6）其他焊接方式。

① 对接焊。对接焊是指将相邻两块板件的边缘对接在一起，沿着拼合的，即对接的边缘进

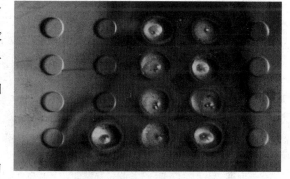

图 3-2-14 塞焊效果

行焊接，如图 3-2-15 所示。在进行对接焊时，要先在几个部位进行定位焊，以免板件发生挠曲变形。

在进行对接焊时常在两块板件背后垫一块相同材料的衬板，这有利于加强板件的连接。

② 搭接焊。搭接焊是指使两块板件呈错位叠加状态，焊接时要将叠加位置的上层板件边缘与下层板件熔化连接，如图 3-2-16 所示。

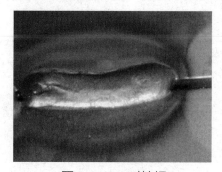

图 3-2-15 对接焊

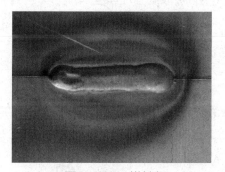

图 3-2-16 搭接焊

搭接焊在车身维修中只用于代替原来存在的相同的焊缝，或者对外围板件和非结构件进行焊接。

③搭接点焊。对接焊和搭接焊只是对焊接从其他方面进行的分类，实际上的焊接要求与前面的各种焊接方式一样。搭接焊有时也用点焊的方式进行，即搭接点焊，如图3-2-17所示。

图3-2-17　搭接点焊

3．焊接位置

焊接位置分为四种，即平焊、横焊、仰焊和立焊，如图3-2-18所示。每种焊接位置的焊接方向都可以灵活应用，不必规定一个方向。

  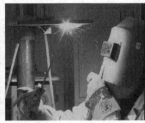 

（a）平焊　　　　　　（b）横焊　　　　　　（c）仰焊　　　　　　（d）立焊

图3-2-18　焊接位置

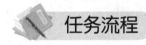 任务流程

一、工具、设备及辅料准备

本任务所需的主要工具、设备及辅料如表3-2-1所示。

表3-2-1　本任务所需的主要工具、设备及辅料

类型	名称	图示	类型	名称	图示
防护工具	焊接手套		防护工具	防尘口罩	

续表

类型	名称	图示	类型	名称	图示
防护工具	纱手套	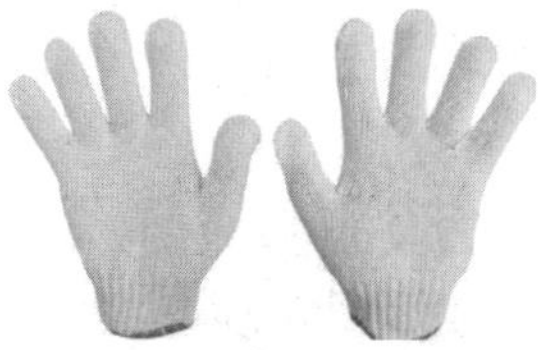	作业工具	锉刀	
	焊接防护服			气动工具	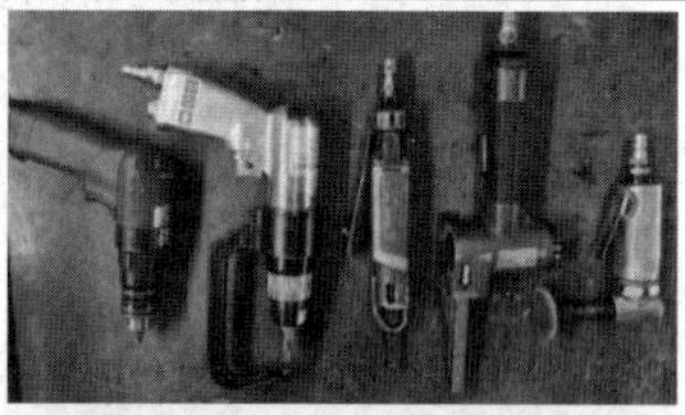
	焊帽			气体保护焊机	

二、操作方法及步骤

本任务的操作方法及步骤/技术规范及要求如表 3-2-2 所示。

表 3-2-2　本任务的操作方法及步骤/技术规范及要求

作业内容及图示	操作方法及步骤/技术规范及要求
穿戴防护用品 	正确穿戴焊接防护服、手套、口罩、焊帽、安全鞋等防护用品
清理焊嘴端部氧化物 	目视焊嘴端部有无球状氧化物。如果有，则使用平口钳剪切球状氧化物。在剪切球状氧化物时务必将焊枪朝下。剪切完毕后，焊丝端部距离喷嘴边缘 2～3mm

汽车车身钣金整形修复 一体化教程

续表

作业内容及图示	操作方法及步骤/技术规范及要求
检查焊枪电极与喷嘴是否对中 	目视焊枪电极与喷嘴是否对中。如果不对中，则用手拆下焊枪喷嘴，调整电极，使之紧固并保持与喷嘴对中
清洁喷嘴 	目视喷嘴上是否有残余的焊接氧化物。如果有，则先拆下喷嘴，使用刮刀清除喷嘴上的焊接氧化物，然后重新安装喷嘴，并保持喷嘴与电极对中且紧固
喷涂防溅膏 	检查焊枪喷嘴的安装情况，检查确认防溅膏未过保质期。将防溅膏对准焊枪喷嘴喷涂，使之均匀填充到焊枪喷嘴内壁
焊机参数设置与调整 	焊机参数设置的目的是设置合适的焊接参数，以便在进行不同厚度、不同类型的材料焊接时获得稳定燃烧的电弧。主要设置和调节的参数有焊接电流、送丝速度、保护气体流量、焊丝伸出长度等
打磨板件 	建议用90°打磨机或黑金刚打磨机对板件正反两面进行打磨。 技术要点：打磨至光亮的裸铁状态

续表

作业内容及图示	操作方法及步骤/技术规范及要求
清洁板件 	佩戴耐溶剂手套使用清洁剂清洁板件正反两面
焊缝尺寸设置 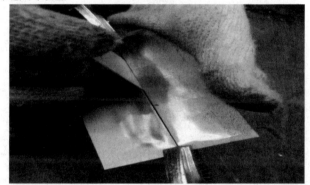	建议对接焊板件间隙设置为一块板件厚度。适当宽度的焊缝可以减少焊接后板件变形引起的焊道挤缩状况,即能减轻焊接造成的热变形
调试机器并试焊 	检查气体保护焊机,根据板厚调整焊接电流,并进行焊接电流与送丝速度的匹配调试。用与焊接板件材质相同的板件进行试焊
定位焊 	定位焊的焊点间距根据板厚决定。对于车身薄钢板焊接,建议焊点间距为板厚的 15~30 倍。如果焊点间距过大,则板件容易在焊接过程发生挠曲变形,左右两侧板件容易出现高低面差

续表

作业内容及图示	操作方法及步骤/技术规范及要求
打磨焊点 	确保焊接板件两侧板面处于平整状态。若不平整，则需要先用钣金锤等工具进行整平。建议用90°打磨机或环带打磨机进行打磨，要注意避免磨除焊点以外的材料
去除焊缝周围漆面/涂层 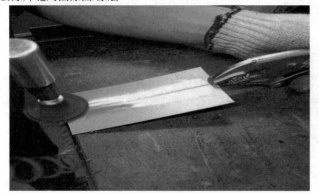	如果焊缝周围有漆面/涂层，则可用黑金刚打磨机打磨焊道两侧，去除漆面/涂层。建议去除单边焊缝边缘 15～30mm 范围内的漆面/涂层，具体以维修手册规定为准
连续点焊/连续焊 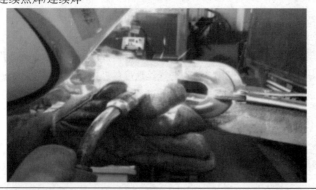	在连续点焊过程中，要避免因焊点重叠不够导致出现气孔或因焊点重叠过度导致焊道过高。注意，焊接时间过短容易产生熔透不足现象，焊接时间过长容易产生过熔现象，还会导致出现焊破情况，焊接热变形较大
分段焊接 	为了减小焊接热变形，对于车身薄钢板，建议进行分段焊接，每段约长 30mm，具体以维修手册规定为准。在分段焊接时，建议每焊完一段使用气枪进行冷却后再进行下一段的焊接

续表

作业内容及图示	操作方法及步骤/技术规范及要求
检测焊接质量 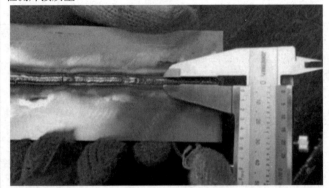	1mm 厚的薄钢板，焊道正面宽度范围为 4～7mm，正面高度范围为 0.5～2.5mm，背面渗透范围为 0.5～2.5mm
清洁场地 	操作完成后对场地进行清洁，做好 6S 整理工作

评价与反馈

请结合本小组制订的计划，完成气体保护焊任务，记录在气体保护焊过程中遇到的问题并查找解决方法。记录员根据操作员的操作过程和焊接质量进行评分，具体评分细则如表 3-2-3 和表 3-2-4 所示。

表 3-2-3　操作过程评分表

序号	评分项目	配分	评分细则描述	扣分及细节描述	实际得分
1	安全防护	5	未正确穿戴焊接防护服、安全鞋，或者未视情况适时穿戴手套、口罩、焊帽、护目镜、耳罩等，每项扣 1 分		
2	调节电流和送丝速度	20	气体保护焊电流超出范围（2～5A）扣 10 分		
			气体保护焊送丝速度超出范围（4～12m/min）扣 10 分		
3	6S 整理	5	操作完成后未清洁设备、工具或量具、场地，设备、工具或量具未归位，每项扣 1 分		
4	分值合计	30		总得分：	

表 3-2-4　焊接质量评分表

序号	评分项目	配分	评分细则描述	扣分及细节描述	实际得分
1	板件对齐	6	组合件边缘未对齐，误差>1mm，每处扣1分		
2	对接焊（连续点焊）	64	未分段焊接或未焊接完成扣20分		
			焊缝宽窄不齐，误差≥0.5mm，每处扣1分，焊接接头不齐扣2分		
			焊缝高低不齐，误差≥0.5mm，每处扣1分，焊接接头不齐扣2分		
			焊缝宽度或高度超出范围（3~6mm），每处（每5mm长度为1处）扣5分		
			焊缝弯曲≥1mm，每处扣2分		
			焊缝出现熔穿，每处扣3分		
			焊缝两侧出现阶梯形变形，凹陷深度≥0.5mm，每处扣2分		
			焊缝两端咬边长度≥1mm，每端扣2分		
			焊缝中有气孔，每个扣1分		
3	分值合计	70		总得分：	

📋 知识巩固

一、判断题

1．现代车身采用的焊接方式有电阻点焊、气体保护焊、电弧焊和钎焊。　　（　　）

2．焊接接头的强度受操作者水平的影响不大。　　（　　）

3．车身的装饰性板件可以使用气体保护焊方法进行焊接。　　（　　）

4．MIG 和 MAG 的含义是相近的。　　（　　）

5．采用气体保护焊焊接完成后要做好防腐工作，采用电阻点焊则不用。　　（　　）

6．在焊接过程中产生的热量过多，周围的板件将会变形。　　（　　）

7．气体保护焊可使焊接板件 100%熔化。　　（　　）

8．焊接电压过低，电弧长度会增加，焊接熔深会减小。　　（　　）

9．导电嘴到工件的距离为 20mm 时焊接效果最好。　　（　　）

10．在进行气体保护焊时，要尽量加大保护气体的流量，因为气体流量越大，保护效果越好。　　（　　）

二、选择题

1．软钎焊材料的熔化温度低于（　　　）。

A．350℃　　　　　B．450℃　　　　　C．550℃

2．在车身生产中应用最多的焊接方式是（　　　）。

A．压焊 　　　　　 B．熔焊 　　　　　 C．钎焊

3．气体保护焊的优点是（　　　）。

A．焊接质量受操作人员水平的影响大

B．不受板件形状限制

C．产生的热量多，板件会变形

4．在氧乙炔正向焊接操作中，焊条、焊枪与工件之间的最佳角度分别是（　　　）。

A．焊条与工件之间的角度为30°～40°，焊枪与工件之间的角度为60°～70°

B．焊条与工件之间的角度为60°～70°，焊枪与工件之间的角度为30°～40°

C．焊条与工件之间的角度为30°～40°，焊枪与工件之间的角度为40°～50°

5．焊接不锈钢的保护气体应在氩气中加入（　　　）。

A．2%～3%的氧气 　　　　　　　　 B．4%～5%的氧气

C．3%～4%的氧气

6．在进行气体保护焊时，随着焊接电流的增大，（　　　）。

A．焊缝变宽，熔深加大 　　　　　　 B．焊缝变宽，熔深减小

C．焊缝变窄，熔深加大

7．气体保护焊焊枪导电嘴到工件的标准距离是（　　　）。

A．7～15mm 　　　　　　　　　 B．15～25mm

C．25～30mm

8．气体保护焊仰焊时正确的操作方法是（　　　）。

A．使用较慢的送丝速度和较短的电弧

B．使用较快的送丝速度和较短的电弧

C．使用较快的送丝速度和较长的电弧

任务3 车身结构件的更换

任务描述

　　现代轿车的车身维修基本上可以分为两大类：一类是针对车身板件局部的微小损伤进行的钣金整形修复，另一类是针对车身结构件的矫正和更换。本任务要求使用合适的工具和设备对车身中立柱上的A板、B板、C板、D板、E板（见图3-3-1），通过正确的操作流程进行板件更换，更换后的效果如图3-3-2所示。

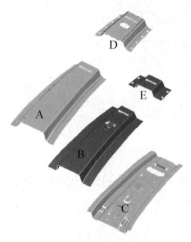

图 3-3-1　A板、B板、C板、D板、E板

图 3-3-2　更换后的效果

知识目标

1. 了解车身结构件更换常用工具的使用方法。
2. 了解车身结构件的拆卸方法。
3. 了解车身结构件的更换与调整方法。

技能目标

1. 能够对车身结构件进行拆卸。
2. 能够对车身结构件进行更换与调整。

素质目标

1. 培养爱岗敬业的职业道德。
2. 养成良好的工作习惯和安全意识。

➤ 相关知识

一、车身结构件的更换与调整

　　承载式车身是先将薄钢板冲压成各种形状，然后采用焊接的方式连接固定在一起的，还有一些结构件是以单独结构件的形式进行制造，并采用螺栓连接的方式与车身连接起来的，如车门和发动机罩等。由于这些结构件都是独立的个体，通过连接的方式组合在一起，所以给操作带来了方便。

　　更换车身结构件应当以整板更换为原则，即将已经损坏的整块板件从焊接或连接部位拆卸下来，将新的板件重新焊接上去。这样做可以保证车身总体的强度，并且操作容易实

施，配件的提供也容易实现，因而汽车制造厂大多推荐采用这种方法更换车身结构件。但在有些情况下采用这种方法对车身结构件进行更换并不合适。例如，有的板件过于庞大，整板更换需要拆卸的部位过多，重新焊接的定位不容易做到准确，焊接操作难度也大；有的损坏部位不利于整板更换，如果要拆卸损坏板件，就要先拆卸许多未损坏的结构件，将新板件重新焊接之后还要将已经拆卸的未损坏的结构件再安装回去，这一拆装过程对于未损坏的结构件也会造成不良影响。对于上述情况，在充分考虑修理强度的情况下，一般要采取局部切割更换的方法，而不必进行整板更换。

1．焊点的分离和焊接

绝大多数车身结构件的焊接采用点焊，一些较长的焊缝或焊接强度要求较高的部位采用气体保护焊中的连续焊，车顶与车身立柱的焊接采用铜钎焊。在进行车身结构件的更换时要从焊缝处进行拆卸，焊接时仍要采用原来的焊接方法。

2．车身需要更换的结构件

（1）在碰撞过程中，车身外部面板受到较大的力，会产生比较严重的翘曲，板件凹陷处存在冷作硬化现象，有些板件背面无法接近，不能进行常规的钣金维修操作，这些板件都需要进行更换。

（2）对于严重腐蚀损坏的板件，如图 3-3-3 所示，通常进行更换是唯一的补救方法。

（3）有些板件已经破损，无法修复，需要进行局部更换，此时就需要切割破损部位，如图 3-3-4 所示。

图 3-3-3　严重腐蚀损坏的板件

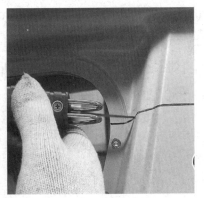

图 3-3-4　切割破损部位

3．切割位置

当后侧围板处碰撞损坏严重时，需要进行局部切割，以拆下损坏部位。接缝处的焊点用钻孔的方法去除。

车身侧板比较容易发生损坏，需要切割后更换新的板件，如图 3-3-5 所示。

4．注意事项

（1）车身结构件是通过机械紧固和焊接两种方法连接在一起的。装饰性板件，如汽车

的翼子板、后侧围板和发动机罩，用螺栓或铰链、铆钉等方法与车身相连。保险杠等部件通常也用螺栓连接到框架上。在更换这些板件时，只要拆卸紧固件即可。

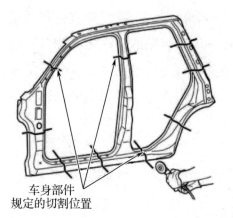

图 3-3-5 板件分离

（2）在修理车身结构件时，切割或分割板件应完全按照汽车制造厂的建议操作。

（3）不要切割可能降低乘客安全性的吸能部位、降低汽车性能的部位及影响关键尺寸的部位。

二、车身结构件更换的常用工具

1. 气动打磨工具

气动打磨工具用于金属磨削、切割，油漆层的去除等，如图 3-3-6 所示。

2. 气动切割锯

车身维修中常用的气动切割锯是气动往复式切割锯，其用于切割金属结构件（钢板、铝板）、外部面板，如图 3-3-7 所示。

图 3-3-6 气动打磨工具　　　　　图 3-3-7 气动切割锯

3. 气动錾子

气动錾子用于快速进行粗切割作业，可节省大量时间。气动錾子还能破开咬死的减震器螺母，以及去除焊接飞溅物和破碎焊点，如图 3-3-8 所示。

4. 焊点转除钻

焊点转除钻可以进行车身电阻点焊焊点的去除，有进度限位装置，可保证在分离板件的同时不会钻伤下层板件，如图 3-3-9 所示。

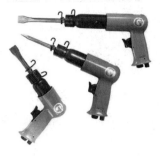

图 3-3-8　气动錾子

图 3-3-9　焊点转除钻

5．打孔器

打孔器有气动和手动两种类型，用于对车身板件进行塞焊时在新板件上打孔，如图 3-3-10 所示。

6．折边机

折边机用于车身板件搭接处接缝的折边或车门内外板的折边成形，如图 3-3-11 所示。

图 3-3-10　打孔器

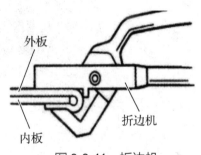

外板

内板

折边机

图 3-3-11　折边机

7．气动剪

气动剪用于切断、修整和剪切出外形，以及剪切塑料、白铁皮、铝和其他金属板件（包括各种规格的轧制钢板），如图 3-3-12 所示。

8．气动除锈器

气动除锈器用于清除金属板上的锈迹，如图 3-3-13 所示。

9．气动锉

气动锉用于快速清理车身板件上尖锐的毛刺等，如图 3-3-14 所示。

图 3-3-12　气动剪

图 3-3-13　气动除锈器

图 3-3-14　气动锉

三、车身结构件的拆卸

1. 确定电阻点焊焊点的位置

首先要去除底漆（或其他覆盖物），可先用氧乙炔或氧丙烷焰将底漆烧焦，再用钢丝刷将底漆刷掉。

去除底漆以后，对于仍不能看清焊点位置的区域，可用錾子将两块板件凿开，如图 3-3-15 所示。

图 3-3-15　确定电阻点焊焊点的位置

2. 去除电阻点焊焊点的方法

（1）使用气动钻等工具钻除焊点。在钻削时不能钻伤下层板件，并且需要准确地钻除焊点，以避免产生过大的孔。

可使用自身具有夹紧装置的焊点转除钻，其钻头有行程限制，在钻透第一层板后不会钻伤下层板件，如图 3-3-16 所示。

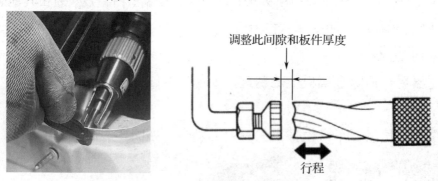

图 3-3-16　去除电阻点焊焊点

（2）等离子切割。等离子切割枪可以快速地去除电阻点焊焊点。使用等离子切割枪，可以同时在各种厚度的金属板件中吹孔以去除焊点，但是使用等离子切割枪不能保证下层板件的完整性。

（3）磨削。用高速研磨轮可磨削掉点焊的板件上用钻头不能钻除的焊点。当板件上的

塞焊焊点（来自早先的修理）太大，用钻头不能钻除时，也可以采用这种方法。操作时只需要磨削掉上层板件，不要破坏下层板件，如图 3-3-17 所示。

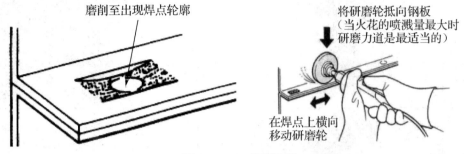

图 3-3-17　磨削操作

3．更换后侧围板

（1）焊点的去除。使用焊点转除钻来钻除焊点，针对不同的部位选择合适的工具与钻头直径。

（2）C 柱的切割。用样板规在 C 柱外板上划出切割线，沿切割线进行切割。

（3）车身结合部位的整理。用研磨机磨平焊点部位的多余金属，使焊点平整，去除黏着物，对焊接面进行整修，涂抹点焊防锈底漆。

更换后侧围板的方法如图 3-3-18 所示。

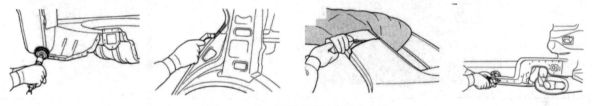

图 3-3-18　更换后侧围板的方法

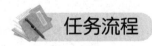

一、工具、设备及辅料准备

本任务所需的主要工具、设备及辅料如表 3-3-1 所示。

表 3-3-1　本任务所需的主要工具、设备及辅料

类型	名称	图示	类型	名称	图示
防护工具	纱手套		防护工具	焊接手套	

类型	名称	图示	类型	名称	图示
防护工具	焊接防护服		作业工具	錾子	
	焊帽	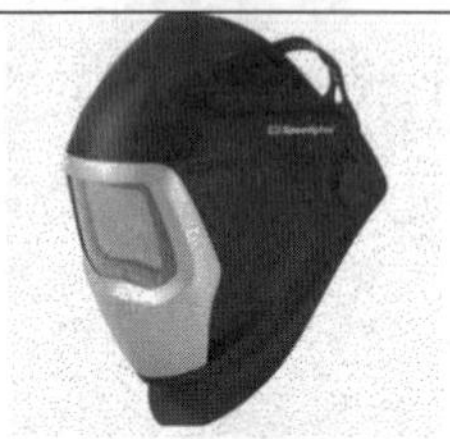		划针	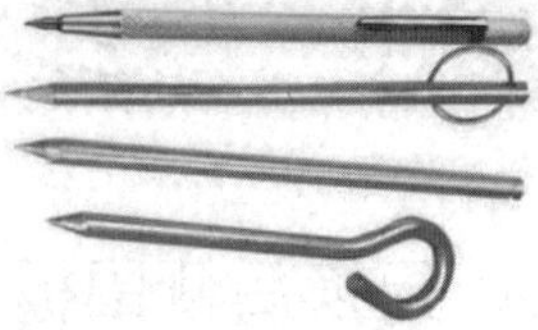
	防尘口罩			大力钳	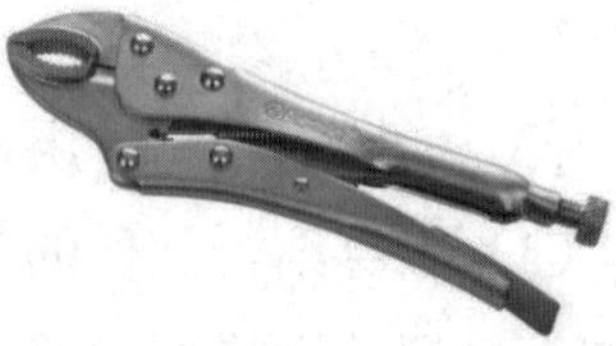
作业工具	气动工具	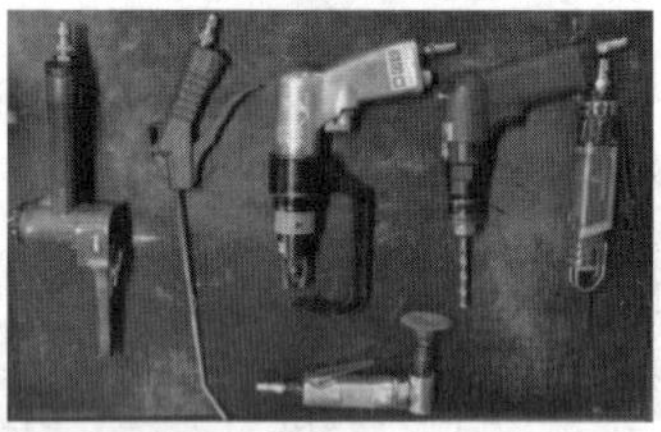		钣金维修工具	

二、操作方法及步骤

本任务的操作方法及步骤/技术规范及要求如表 3-3-2 所示。

表 3-3-2　本任务的操作方法及步骤/技术规范及要求

作业内容及图示	操作方法及步骤/技术规范及要求
穿戴防护用品 	正确穿戴焊接防护服、手套、口罩、焊帽、安全鞋等防护用品

作业内容及图示	操作方法及步骤/技术规范及要求
识读板件图样 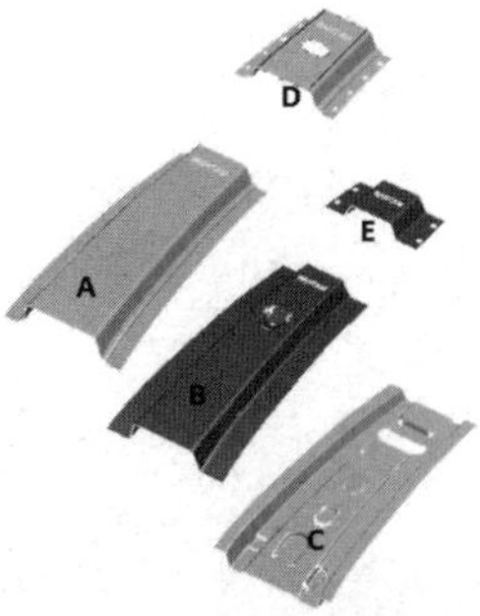	读取板件图样表达的信息，设计任务流程
擦拭板件 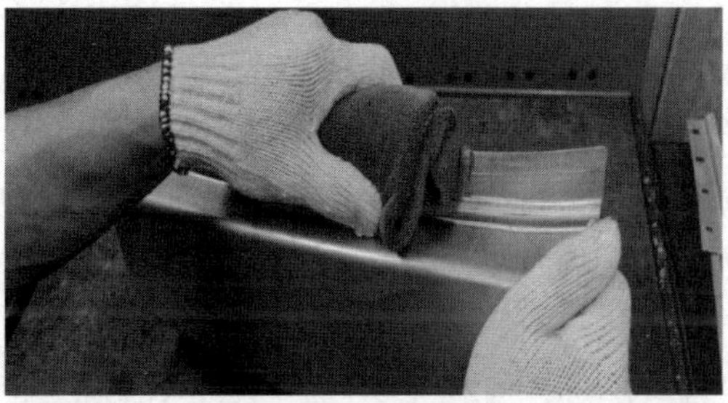	将 A 板、B 板、C 板、D 板、E 板和试焊片擦拭干净
装配板件 	将 A 板、B 板、C 板装配在一起，使用夹具夹紧，保证板件没有发生翘曲变形
确定焊点位置1 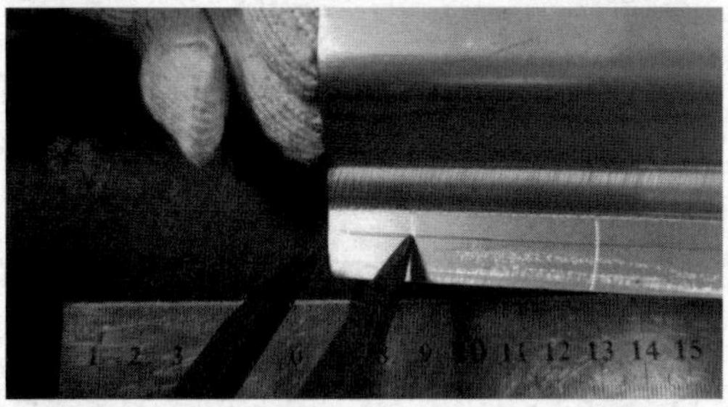	根据任务流程对 A 板划线，确定焊点位置1，在工件上划线定位
确定焊点位置2 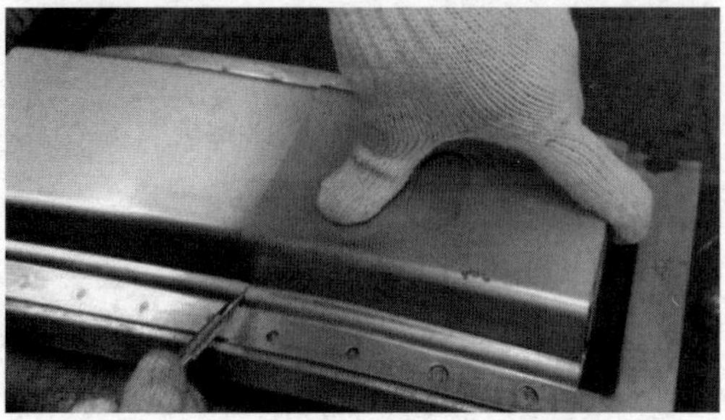	根据任务流程对 A 板划线，确定焊点位置2，在工件上划线定位

汽车车身钣金整形修复 **一体化教程**

续表

作业内容及图示	操作方法及步骤/技术规范及要求
确定焊点位置 3 	根据任务流程对 B 板划线，确定焊点位置 3，在工件上划线定位
焊机调试 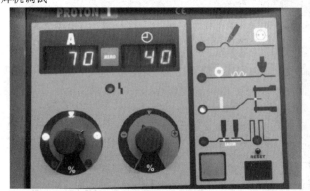	1～12mm 厚的板件，气压一般建议设置为 6bar 左右（1bar=10⁵Pa）；选择焊接材料，如普通钢或高强度钢等；选择焊接板件厚度（焊接时间和焊接电流一般会自动匹配）；选择焊接单脉冲或双脉冲，一般对于胶黏板件建议选择双脉冲，以获得更好的焊接质量
点焊试焊 	正确装夹试焊片，正确调整电阻点焊机的参数，检查焊接是否对中，并适当调整电极
破坏性试验 	把一层板件夹在台虎钳上，另一层板件使用大力钳夹住，向后拉扯撕裂焊点。注意，主要撕裂第二层板件上的焊点

续表

作业内容及图示	操作方法及步骤/技术规范及要求
检测焊接质量 	残留焊点直径应大于 8mm，若未达到标准，则需要重新调试焊机再次试焊，试焊成功后才能在待维修板件上进行焊接
固定A板、B板、C板 	将 A 板、B 板、C 板使用大力钳对齐并拼装固定在焊接支架上，做好电阻点焊前的准备工作
打磨电极头 	在进行电阻点焊之前还需要对电极头进行检查，如果电极头脏污，则建议使用锉刀或砂纸进行清洁打磨，确保电极头的导电性良好
电阻点焊 	建议进行跳焊，这样可以使板件均匀受热，不易产生扭曲变形

作业内容及图示	操作方法及步骤/技术规范及要求
检查平整度 	左图为电阻点焊完成状态,完成后将板件平放到打型平台上,检查下层板件是否为平整状态,如果不平整,则需要矫正至平整状态
焊点定位 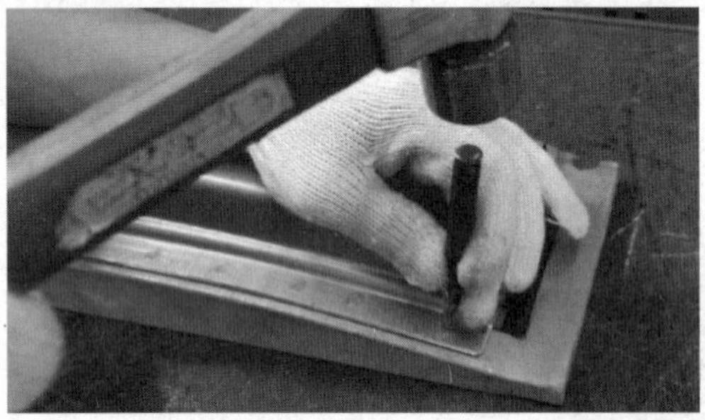	电阻点焊完成后进行下一步的焊点去除工作,按照实际车辆的焊点去除标准操作,在所有焊点的中心打定位冲
钻除焊点 	使用焊点转除钻钻除焊点,要注意不能钻伤(除)下层板件,钻孔时必须佩戴皮质手套,禁止佩戴纱手套进行操作
气动切割 	按要求使用气动切割锯切割一处焊缝,注意切割时不能割伤下层板件。使用气动切割锯切割 A 板,注意不能割伤下层的 B 板
取下去除部件 	取下去除部件,即 A 板

续表

作业内容及图示	操作方法及步骤/技术规范及要求
对 B 板进行切割钻孔 	使用气动切割锯切割 B 板,注意不能割伤下层的 C 板,使用焊点转除钻钻除焊点,注意不能钻伤(除)下层板件
打磨毛刺 1 	使用锉刀或砂带机打磨切割处焊点毛刺,以便后续更换新板件
打磨毛刺 2 	使用锉刀或砂带机打磨钻削处焊点毛刺,以便后续更换新板件
装配 E 板 	把 E 板装配到 B 板上。调整好焊接间隙,焊接间隙为(1.2±0.5)mm
连续焊试焊 1 	试焊时要正确使用焊接夹具,调整焊接电流、送丝速度、焊接速度,保证焊接质量

续表

作业内容及图示	操作方法及步骤/技术规范及要求
连续焊试焊 2 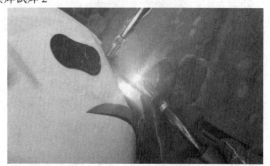	在试焊片上进行连续焊试焊,保证最佳焊接电流与送丝速度
定位焊 	确保安装位置正确后,使用大力钳固定 B 板和 E 板并对其进行定位焊,避免后续焊接产生变形
连续焊 1 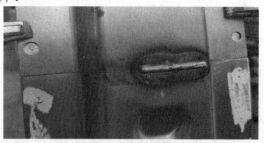	使用大力钳固定 E 板和 C 板,对 E 板和 B 板进行连续焊分段焊接
连续焊 2 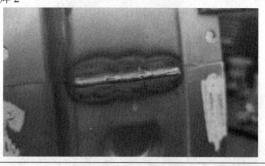	将夹持好的板件用 C 形大力钳夹到焊接支架上,在 E 板和 B 板的接缝中间处分 3 段进行连续焊操作,要求焊疤宽度为 5~8mm 且宽窄一致,高度≤2mm 且高低一致,焊接接头平齐,无弯曲
装配 D 板 1 	打磨 A 板切口,如果 A 板切口有变形,则进行调整,直到 A 板和 D 板待焊接的接口平齐为止。如果有误差,则可使用锉刀或砂带机进行修配

续表

作业内容及图示	操作方法及步骤/技术规范及要求
装配 D 板 2 	将 A 板和 D 板修正接口对齐后使用大力钳固定 D 板，检查侧边是否对齐，并保证 A 板和 D 板为横焊状态
定位焊 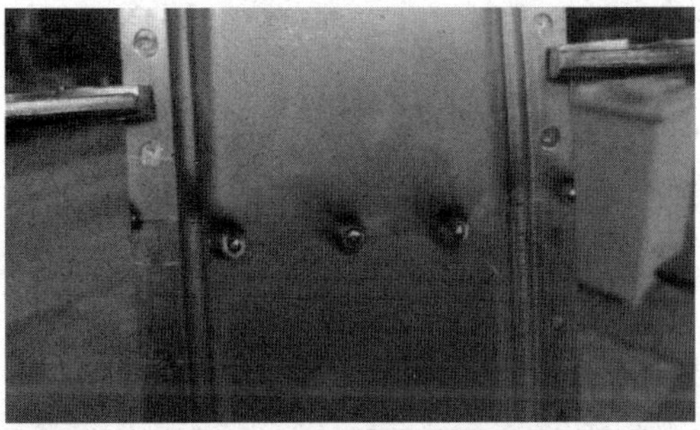	对 D 板与 A 板进行定位焊，每两个焊点之间的距离不小于 25mm
塞焊试焊 	在试焊片上进行塞焊试焊，保证最佳焊接电流与送丝速度
塞焊 	用大力钳夹持即将塞焊的孔附近，依次对 9mm 孔、6mm 孔进行塞焊操作，要求进行跳焊。其中，9mm 孔的焊点直径为 10～13mm，高度≤2mm；6mm 孔的焊点直径为 7～9mm，高度≤2mm
打磨定位焊焊点 	塞焊完成后要打磨 D 板与 A 板定位焊焊点，将定位焊焊点打磨平整即可

汽车车身钣金整形修复 一体化教程

续表

作业内容及图示	操作方法及步骤/技术规范及要求
连续点焊试焊 	在进行连续点焊前,应先调试焊接参数并用试焊片进行连续点焊试焊
连续点焊1 	在已经完成定位焊的D板和A板的接缝处分5段进行连续点焊操作,要求焊疤宽度为3~6mm且宽窄一致,高度≤2mm且高低一致,焊接接头平齐,无弯曲
连续点焊2 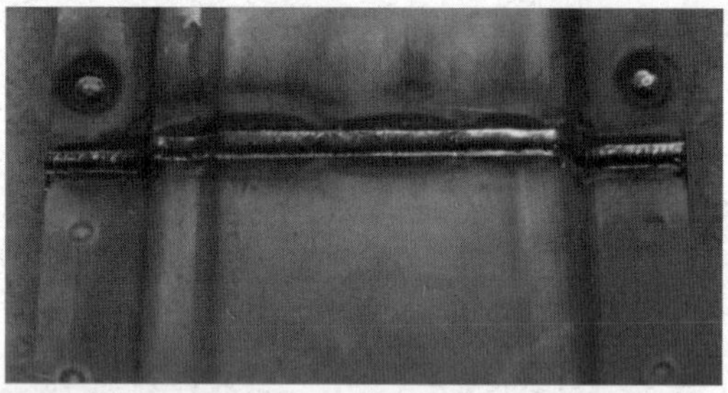	采用5段连续点焊的方式进行焊接,要求焊接间隙为(0.7±0.5)mm,3mm≤焊缝宽度≤6mm,焊缝背面熔透深度≥2mm,焊缝高度≤1.5mm
最后成品 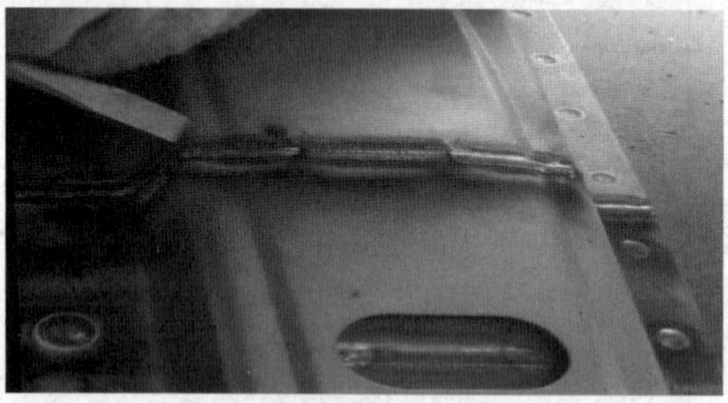	将塞焊和连续点焊部位周围的焊渣清除干净,测量焊缝的尺寸
清洁场地 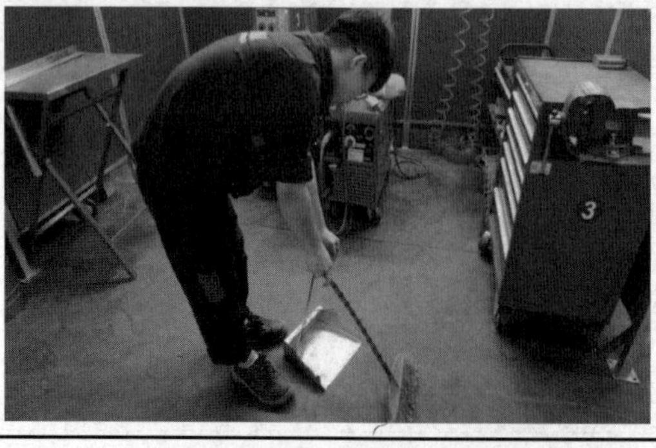	操作完成后对场地进行清洁,做好6S整理工作

 评价与反馈

请结合本小组制订的计划，完成车身结构件的更换任务，记录在车身结构件的更换过程中遇到的问题并查找解决方法。记录员根据操作员的操作过程和焊接质量进行评分，具体评分细则如表 3-3-3 和表 3-3-4 所示。

表 3-3-3　操作过程评分表

序号	评分项目	配分	评分细则描述	扣分及细节描述	实际得分
1	安全防护	3	未正确穿戴焊接防护服、安全鞋，或者未视情况适时穿戴手套、口罩、焊帽、护目镜、耳罩等，每项扣 1 分		
2	焊接参数调整	2	气体保护焊焊接电流超出范围（2～5A），扣 0.5 分		
			气体保护焊送丝速度超出范围（4～12m/min），扣 0.5 分		
			电阻点焊焊接电流超出范围（60～90A），扣 0.5 分		
			电阻点焊焊接时间超出范围（30～60ms），扣 0.5 分		
3	规范操作	22	划线前要用抹布擦拭板件及试焊片，1 件未擦拭扣 0.5 分		
			操作过程中工具、工件等掉落，每次扣 1 分		
			钻孔、切割、打磨操作未夹持固定，每次扣 1 分		
			切割后锯条严重发生弯曲变形、断裂，扣 2 分		
			A 板、B 板分离后，切割、钻伤到下层板件，每处扣 1 分		
			在进行对接焊操作时未进行定位焊，扣 2 分		
			各种焊接，如电阻焊、连续焊、连续点焊、塞焊未跳焊，每次扣 1 分		
			钻孔偏斜（孔一侧有焊点变色痕迹>1mm），孔内有残留（>1mm），板件四个边角可插入 1mm 板件，切割线有明显弯曲或偏斜，每处扣 1 分		
			孔内有残留>1mm，一处扣 1 分		
			板件四个边角可插入 1mm 板件，一处扣 1 分		
			切割线有明显弯曲或偏斜，一处扣 1 分		
4	6S 整理	3	操作完成后未清洁设备、工具或量具、场地，设备、工具或量具未归位，每项扣 1 分		
5	分值合计	30		总得分：	

汽车车身钣金整形修复 一体化教程

表 3-3-4　焊接质量评分表

序号	评分项目	配分	扣分情况	扣分及细节描述	实际得分
1	板件对齐	6	组合件边缘未对齐，误差>1mm，每处扣1分		
2	电阻点焊	10	电阻点焊焊点不符合标准要求，每个扣2分		
			电阻点焊焊点偏离长度（间距和十字）>±1mm，每个扣1分		
			电阻点焊焊点失圆>1mm，每个扣1分		
3	6mm 塞焊	14	焊点未焊接或不符合标准要求，每个扣3分		
			焊点失圆>0.5mm，每个扣1分		
			焊点高度≥1.5mm，每个扣1分		
			4个焊点大小不一致，最大直径与最小直径之差≥1mm，每个扣1分		
			焊点中有气孔，每个扣1分		
4	9mm 塞焊	10	焊点未焊接或不符合评分标准要求，每个扣4分		
			焊点背面穿透<9mm，每个扣2分		
			焊点失圆>0.5mm，每个扣1分		
			焊点高度≥1.5mm，每个扣1分		
			4个焊点大小不一致，最大直径与最小直径之差≥1mm，每个扣1分		
			焊点中有气孔，每个扣1分		
			焊点出现严重流挂，每个扣1分		
5	对接焊（连续焊）	15	未分段焊接或未焊接完成，扣20分		
			对接焊焊头偏斜，每处扣2分		
			对接焊宽窄不齐≥0.5mm，每处扣1分，焊接接头不齐扣2分		
			对接焊高低不齐≥0.5mm，每处扣1分，焊接接头不齐扣2分		
			焊缝宽度或高度超出范围（5～8mm），每处（每5mm长度为1处）扣5分		
			焊缝弯曲≥1mm，每处扣2分		
			焊接接头正面被遮盖，无法评分，每个扣5分		
			对接焊出现熔穿，每处扣3分		
			焊缝间隙超出技术要求，每侧扣2分		
			焊缝背面接头部位未熔穿，每个扣3分		
6	对接焊（连续点焊）	15	未分段焊接或未焊接完成，扣20分		
			焊头偏斜，每处扣2分		
			焊缝宽窄不齐≥0.5mm，每处扣1分，焊接接头不齐扣2分		

续表

序号	评分项目	配分	扣分情况	扣分及细节描述	实际得分
6	对接焊（连续点焊）	15	焊缝高低不齐≥0.5mm，每处扣 1 分；焊接接头不齐，扣 2 分		
			焊缝宽度或高度超出范围（3～6mm），每处（每 5mm 长度为 1 处）扣 5 分		
			焊缝弯曲≥1mm，每处扣 2 分		
			焊缝出现熔穿，每处扣 3 分		
			焊缝两侧出现阶差变形，凹陷深度≥0.5mm，每处扣 2 分		
			焊缝两端咬边长度≥1mm，每端扣 2 分		
			焊缝中有气孔，每个扣 1 分		
7	分值合计	70		总得分：	

 知识巩固

一、判断题

1. 为了防止金属板件产生弯曲变形，要从金属的边缘和靠近边缘的地方开始焊接。（ ）

2. 焊接完成后不需要加固，因为加固过的焊缝强度低于未经加固的焊缝。 （ ）

3. 在维修车身结构件时，只能在原车有搭接焊的地方进行搭接焊。 （ ）

4. 塞焊时可以进行多次焊接。 （ ）

5. 焊接后不允许使用强制冷却方法，原因是会让焊缝金属变硬，强度变高。（ ）

6. 电极压力越大，电阻点焊的焊接强度越高。 （ ）

7. 电阻点焊的焊接电压大，焊件熔融大，就会产生飞溅。 （ ）

8. 当电阻点焊的焊接电流达不到要求时，需要通过增加焊接时间来进行调整。（ ）

9. 在进行电阻点焊时，焊缝一定要干净且小。 （ ）

10. 在修理车身时，建议采用 C-25 保护气进行气体保护焊。 （ ）

二、选择题

1. 在对铝板进行气体保护焊时，要采用（   ）。

A. 100%氩气的保护气体　　　　B. 100%二氧化碳的保护气体

C. 50%氩气+50%二氧化碳的保护气体

2. 在用气体保护焊焊接铝板时，焊枪的焊接角度是（   ）。

A. 5°～10°　　　　B. 10°～15°　　　　C. 15°～20°

3．在用气体保护焊焊接铝板时，下列操作方法正确的是（　　　　）。

A．保护气体比焊接钢板时多 30%　　　　B．送丝速度比焊接钢板时快

C．在焊接前只对板件进行清洗

4．在对车身上的防锈钢板进行电阻点焊时，应将焊接普通钢板时的电流强度提高（　　　）。

A．5%～10%　　　　B．10%～20%　　　　C．20%～30%

车身附件拆装

📖 **项目描述**

　　本项目要求学生通过对汽车保险杠和内饰板进行拆装，熟悉汽车保险杠和内饰板等总成的连接关系，掌握各总成的拆卸、装配、调整方法和步骤，了解保险杠和内饰板的构造原理，掌握拆装工具的正确使用方法，进一步巩固保险杠和内饰板的构造知识。同时要求学生掌握对全车进行拆装的操作技能，能对保险杠、内饰板等总成进行竣工验收，能完成对保险杠和内饰板的拆装与调整。

　　需要明确一个概念：从广义上来讲，整车上的注塑件都属于内、外饰范畴。

　　内、外饰多按照在整车上的空间位置进行分类，在驾驶室之外的称为外饰件，在驾驶室之内的称为内饰件。一般公司的装饰件设计部门也分为内饰设计和外饰设计两个部门。

🤔 **思考与成长**

　　本项目设计了 2 个工作任务，旨在让学生在学习过程中通过车身附件拆装的实践操作，学习、掌握相关的专业知识和技能，包括汽车构造、材料科学、工艺技术等。这些知识和技能是学生在未来职业发展中必须掌握的，对于提高学生的就业能力具有重要意义。本项目通常需要多人协作完成，这就需要学生具备团队合作精神和沟通能力。本项目融入了思政教育，以培养学生的团队合作精神和沟通能力，使其学会相互配合、互相帮助，这对于学生未来的职业发展和社交生活具有重要意义。通过本项目的学习，大家思考一下：在汽车发生碰撞后，不拆除车身附件是否能对其进行钣金维修？

 保险杠的拆装

 任务描述

　　保险杠的主要功能是，当汽车前、后端与其他物体相撞时，对车身进行保护。另外，保险杠还作为车身外部装饰件，起到美化汽车外形的作用。因此，保险杠的拆装维修是汽车钣金维修频率非常高的项目。由于汽车在使用过程中不可避免地会发生保险杠的剐蹭，从而影响汽车的安全性和美观性，因此需要进行保险杠修复或更换保险杠总成，为此需要对保险杠及其他附件进行拆装。本任务就来学习一下如何对保险杠进行拆装。

 知识目标

1. 了解保险杠拆装的安全注意事项。
2. 了解保险杠拆装常用工具的使用方法。
3. 了解保险杠的作用。

 技能目标

1. 掌握保险杠的拆装方法。
2. 能够进行保险杠的拆装。

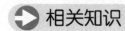 **素质目标**

1. 培养爱岗敬业的职业道德。
2. 养成良好的工作习惯和安全意识。
3. 培养独立分析、解决问题的能力。

➤ 相关知识

一、保险杠的作用

　　当汽车在低速行驶过程中发生碰撞时，前保险杠可以保护前照灯、空调散热器等部件。当汽车发生纵向碰撞时，保险杠起一定的缓冲、保护作用，可以保护驾驶员及乘客的安全，还可以在一定的程度上降低对被撞人或物的伤害。保险杠是吸收缓和外界冲击力、防止车身前后部件损坏的安全装置。在 20 多年以前，汽车前、后保险杠主要以金属材料为主，

常采用厚度在 3mm 以上的钢板冲压成 U 形槽钢,并对其表面进行镀铬处理,与车架纵梁铆接或焊接在一起,与车身有一段较大的间隙,像一个附加到车身上的部件。现在的汽车前、后保险杠除保持原有的保护功能以外,还追求与车身造型的和谐、统一,追求本身的轻量化。为了达到该目的,现在的汽车前、后保险杠多采用塑料制成,称为塑料保险杠。保险杠的具体作用如下。

1. 保护作用

当汽车发生纵向碰撞时,前保险杠能吸收缓和外界冲击力、保护车身,使车身受到的损伤减小,同时通过缓冲使对被撞人或物的伤害程度大大降低。

2. 装置作用

前保险杠上可以安装灯具、雷达探测头、摄像支架及摄像头等部件。

3. 美化作用

从外观上看,保险杠可以很自然地与车身结合在一起,具有很好的装饰性,是装饰汽车外形的重要部件。

4. 提高空气动力性能

随着汽车向高速化方向发展,保险杠不仅有吸能性和装饰性,其形状、尺寸及安装位置等与车身造型的最佳配合还是降低整体空气阻力、提高空气动力性能的重要因素。

二、保险杠的组成

轿车一般没有车架,采用的是承载式车身,其前保险杠一般安装在前纵梁上。轿车前保险杠由缓冲材料、横梁和支架等组成。缓冲材料又称保险杠能量吸收器,由泡沫制成,位于保险杠本体内侧和横梁之间,在汽车发生碰撞时能吸收能量。横梁又称保险杠防撞梁,通过螺栓固定在车身前纵梁上,通常由薄钢板冷轧而成。为了减轻质量,少数高档轿车横梁采用铝合金制成。保险杠总成如图 4-1-1 所示。

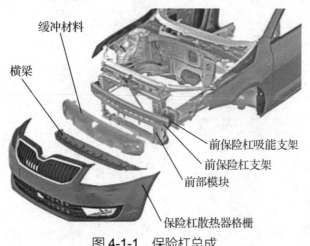

图 4-1-1 保险杠总成

三、汽车用卡扣

1. 卡扣的作用

卡扣是用于实现一个零件与另一个零件的嵌入连接或整体闭锁的机构，通常用于塑料与塑料的连接及塑料与金属的连接。金属与金属的连接一般不使用卡扣。在整车装配时之所以选用卡扣来进行连接，是因为卡接工艺非常简单，设计得好的卡接工艺几乎不需要使用辅助工具。有些零件设计成一个整体一方面体积太大不好运输，另一方面如果零件里面还需要装配一些子零件不好操作，对此可设计成几个子零件卡接到一起，既方便运输，又方便子零件的拆卸，还可以节约成本。

2. 卡扣的种类

（1）按功能、作用部位分类。卡扣按功能可分为快丝座卡扣、穿心钉卡扣、通用卡扣等；按作用部位可分为门板卡扣、顶篷卡扣、保险杠卡扣、地板卡扣、后备箱卡扣、密封条卡扣、流水槽卡扣、内饰板卡扣、外饰板卡扣、边梁卡扣、底盘卡扣、隔热棉卡扣、座椅卡扣、拉手卡扣、支杆卡扣、防护板卡扣等。

（2）按车型分类。卡扣按车型可分为国产车卡扣、日系车卡扣、德系车卡扣、美系车卡扣等。

（3）详细分类。卡扣可详细分为进口通用系列卡扣、国产通用系列卡扣、微型车卡扣、五菱系列卡扣、长安系列卡扣等。

卡扣的种类如图 4-1-2 所示。

图 4-1-2 卡扣的种类

3. 卡扣的材质

塑料卡扣一般是汽车修理厂专用的卡扣，其质量较好，但是相较而言尼龙卡扣的质量

更好一些。当然，尼龙卡扣的价格比塑料卡扣高很多。汽车出厂时用的卡扣基本都是尼龙卡扣。

常见的卡扣 70% 以上都是塑料材质的，只有不到 30% 的卡扣是金属材质的。塑料卡扣与金属卡扣相比具有如下优点。

（1）塑料卡扣的成本比金属卡扣低。

（2）塑料卡扣的密度比金属卡扣低。

（3）塑料卡扣的成型工艺简单。绝大多数塑料卡扣是一次注塑成型的。当然，随着技术的进步，考虑到降噪的因素，现在很多卡扣也会在前面接触点处通过双射注塑工艺注塑一段 EPDM（三元乙丙橡胶）用于缓冲。金属卡扣的成型工艺复杂，有裁剪、冲切、弯曲等机械加工工艺，还有表面处理工艺。从图 4-1-3 中可以看出，一个简单金属卡扣的成型需要用 7 种不同的刀具按照先后顺序操作，而塑料卡扣只需要用一个模具通过一个步骤即可注塑成型。

图 4-1-3　金属卡扣的制作刀具

（4）塑料卡扣比金属卡扣环保。

（5）塑料卡扣的断面伤害性比金属卡扣低。

（6）塑料卡扣的韧性比金属卡扣好。

（7）塑料卡扣的绝缘性比金属卡扣好。

塑料卡扣具有如下缺点。

（1）塑料件有变形和尺寸波动的缺陷，特别是在一模多腔的生产工艺下，很难保证每个腔的一致性，所以对设备和工艺的要求非常高。

（2）塑料卡扣的模具属于精密成型模具，模具制作成本较高。

（3）塑料卡扣虽然在韧性上超过金属卡扣，但是当用于塑料与金属的连接时，多次拆

卸后，锋利的金属冲切口会破坏塑料卡扣的外形和尺寸，使塑料卡扣失去原有的功能。

（4）塑料材质会受到环境因素的影响，在温湿度交替变化的环境中会发生性能的变化，特别是在发动机周边和暴露在外部空气中的塑料卡扣。

因此，在一些特殊的部件上，特别是用于塑料与金属的连接时，还是会将金属卡扣作为首选。

4．卡扣的设计要求

卡扣在设计时主要考虑的两个因素是拉拔力和滥用力。卡扣之所以被大规模投入使用，是因为方便拆卸。如果没有卡扣，那么在对车身进行维修和保养时，几乎每次拆装都会导致一些零件报废，这样显然不划算。有了卡扣，零件在拆卸后还可以再安装回去，可以再次使用。因此，必须要求卡扣和周边的部位在一定次数范围内反复拆卸后不会受到破坏，同时要求卡扣在拆卸和安装时能轻松脱出，便于操作。

四、举升机

举升机是汽车维修行业中用于举升汽车的汽保设备。举升机在汽车维修和保养中发挥着至关重要的作用，无论是整车大修还是小修保养，都离不开举升机。举升机的性能、质量直接影响着维修人员的人身安全。在规模各异的维修和保养企业中，无论是维修多种车型的综合类修理厂，还是经营范围单一的街边店（如轮胎店），几乎都配备了举升机。

有单柱式举升机、双柱式举升机、四柱式举升机、剪式举升机等一系列汽车维修和保养举升机。

（1）单柱式举升机。

单柱式举升机是将停放在地面上的汽车及工程车辆举升到一定高度进行维修的专用设备，如图4-1-4所示，它用于汽车及工程车辆的局部举升，以便更换轮胎或对车辆底盘进行各种维修和保养作业。单柱式举升机操作容易、外形美观、占用空间小，能将重物方便、省力地举起，是汽车维修和保养不可缺少的设备。单柱式举升机可分为单柱移动式举升机和单柱固定式举升机两种类型。单柱移动式举升机适用于室内外场所，单柱固定式举升机适用于室内面积较小的场所。

（2）双柱式举升机。

双柱式举升机是一种汽车维修和保养单位常用的专用机械举升设备，如图4-1-5所示，它广泛用于轿车等小型汽车的维修和保养。双柱式举升机在将汽车举升到空中的同时可以节省大量的地面空间，方便地面作业。为了最大限度地节省材料，双柱式举升机一般都去掉了底板。由于没有底板，双柱式举升机立柱的扭力需要靠地面来抵消，所以对地基的要求很高。如果有横梁（龙门式举升机），则靠横梁抵消立柱的扭力。

图 4-1-4　单柱式举升机

图 4-1-5　双柱式举升机

（3）四柱式举升机。

四柱式举升机是一种大吨位汽车或货车维修和保养单位常用的专用机械举升设备，如图 4-1-6 所示。四柱式举升机可进行四轮定位，因为一般四柱式举升机都有一个四轮定位挡位，调整该挡位可以确保水平。四柱式举升机按结构可分为上油缸四柱式举升机和下油缸四柱式举升机两种类型。上油缸四柱式举升机的油缸置于立柱顶部（带横梁），下油缸四柱式举升机的油缸置于平板下面。上油缸四柱式举升机主要依靠四根链条拉起四个角，拉力油缸置于立柱顶部，这种结构简单，但自重较大。多数上油缸四柱式举升机的二次举升装置为手动或气动装置，修理工需要跑到汽车底盘下操作，这对于需要经常使用二次举升装置的用户来说不方便且不安全。其保险装置为气动装置，若没有气源，则比较麻烦。下油缸四柱式举升机主要依靠四根粗钢索拉起四个角，拉力油缸置于平板下面，通过六个圆盘将力传到四面。这种结构比较紧凑，自重较小。其二次举升装置一般为电动液压装置，和主泵连接在一起，只要转动转换阀即可，升降速度快。其保险装置为楔块式装置，四个楔块利用拉杆联动，扳动拉杆就可以打开保险装置，方便耐用。

图 4-1-6　四柱式举升机

（4）剪式举升机。

剪式举升机的执行部分采用剪式叠杆形式，由电力驱动机械传动结构，它广泛用于大型车辆维修。剪式举升机的举升速度适中且不占用车坑位置，对于一些相对固定、工作强

汽车车身钣金整形修复 一体化教程

度大的车型（如公共汽车）的维修和保养无疑是最好的选择。剪式举升机由于结构简单、同步性好，因此常用作四轮定位仪的平台。

剪式举升机可分为大剪（子母式）举升机（见图 4-1-7）、小剪（单剪）举升机（见图 4-1-8）和超薄系列剪式举升机等几种类型。小剪举升机主要用于汽车维修和保养，其安全性高，操作方便，挖槽安装可与地面相平。大剪举升机主要用于汽车维修及轮胎、底盘检修，是配合四轮定位仪使用的设备，它可以挖槽安装，也可以直接安装在地面上。超薄系列剪式举升机无须挖槽安装，适用于任何修理厂。双柱式举升机及四柱式举升机不适合安装在某些楼板上，而超薄系列剪式举升机与楼板接触面大，可以安装在任何可以开车的楼板上，因此可以解决用户场地问题。超薄系列剪式举升机是今后的主流产品，目前已在国外实现了大规模使用。

图 4-1-7　大剪（子母式）举升机

图 4-1-8　小剪（单剪）举升机

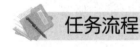 **任务流程**

一、工具、设备及辅料准备

本任务所需的主要工具、设备及辅料如表 4-1-1 所示。

表 4-1-1　本任务所需的主要工具、设备及辅料

类型	名称	图示	类型	名称	图示
防护工具	纱手套		防护工具	帽子	

160

续表

类型	名称	图示	类型	名称	图示
防护工具	护目镜		作业工具	内饰撬板	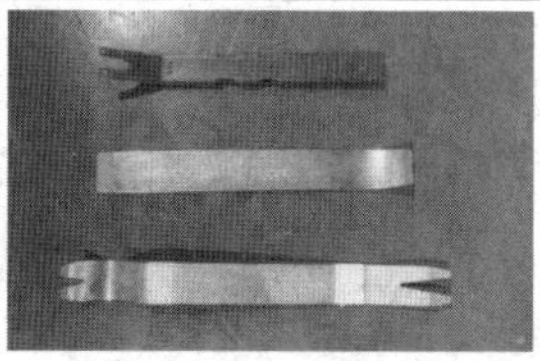
	防尘口罩			木锤	
作业工具	维修工具150件套	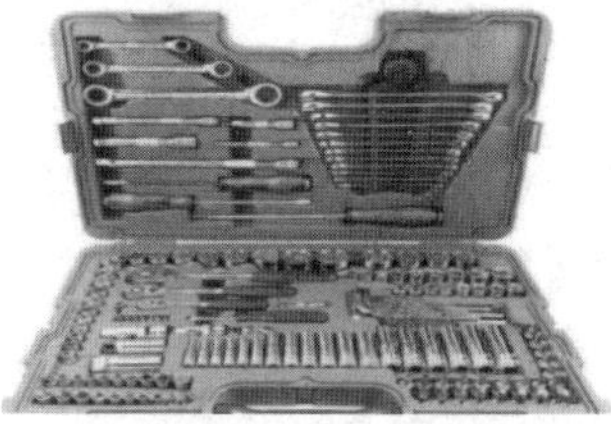		百洁布	

二、操作方法及步骤

本任务的操作方法及步骤/技术规范及要求如表 4-1-2 所示。

表 4-1-2　本任务的操作方法及步骤/技术规范及要求

作业内容及图示	操作方法及步骤/技术规范及要求
穿戴防护用品 	正确穿戴工作服、口罩、护目镜、手套、帽子、安全鞋等防护用品
打开发动机罩 	（1）解锁车辆，进入车内找到并拉起发动机罩释放杆。 （2）下车走到车头前，左手扶起发动机罩，右手打开安全钩

161

续表

作业内容及图示	操作方法及步骤/技术规范及要求
断开电源 	利用 10 号扳手将蓄电池负极电缆拆除，断开电源，以免损坏电气设备
拆卸保险杠散热器格栅 	用内饰撬板拆卸保险杠散热器格栅。在撬动塑料卡扣时，用力要适当，禁止野蛮操作，以防止塑料卡扣损坏，影响重复使用
准备工具 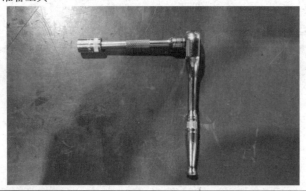	在维修工具 150 件套中找到小号棘轮扳手、加长杆和 12 号套筒并将其组合在一起
拆卸上部螺钉 	（1）利用工具拧松保险杠上部螺钉（共 5 颗）。 （2）左手握住加长杆，右手拧棘轮扳手

作业内容及图示	操作方法及步骤/技术规范及要求
拆卸轮眉 	（1）在拆卸保险杠端角前先拆卸保险杠两端轮眉。 （2）利用内饰撬板拆卸保险杠两端轮眉，拆卸时用力要适当，禁止野蛮操作，以防止塑料卡扣损坏，影响重复使用
拆卸侧边塑料卡扣 	利用内饰撬板拆卸保险杠侧边塑料卡扣（共2个），拆卸时用力要适当，禁止野蛮操作，以防止塑料卡扣损坏，影响重复使用
拆卸侧边螺钉 	（1）在维修工具150件套中找到小号棘轮扳手、加长杆和8号套筒并将其组合在一起。 （2）利用工具拧松保险杠侧边螺钉（共1颗）。 （3）左手握住加长杆，右手拧棘轮扳手
举升车辆1 	调整举升机的举升臂角度和伸出长度，使举升托块大概对准汽车底盘举升点

作业内容及图示	操作方法及步骤/技术规范及要求
举升车辆 2 	按动"举升"按钮，使举升臂在上升 100~200mm 时停止上升，再次调整举升臂使举升托块大概对准汽车底盘举升点
举升车辆 3 	（1）再次按动"举升"按钮，使举升臂在上升到举升托块刚刚顶到汽车底盘举升点时停止上升。 　　（2）检查举升托块是否对准汽车底盘举升点，确认对准后方可举升车辆
举升车辆 4 	按动"举升"按钮举升车辆，当汽车轮胎离地 100~200mm 时停止举升，走到车头前双手握住水箱架用力向下按压，反复按压 3~5 次，确认汽车不会从举升机上坠落后方可继续举升车辆
举升车辆 5 	当将汽车举升到一定高度时停止举升，举升高度根据维修人员身高来确定

续表

作业内容及图示	操作方法及步骤/技术规范及要求
拆卸下部螺栓 	（1）在将举升机锁止后才可以到汽车底盘下方拆卸保险杠下部螺栓（共10颗）。 （2）在维修工具150件套中找到小号棘轮扳手、加长杆和8号套筒并将其组合在一起，左手握住加长杆，右手拧棘轮扳手，拆下螺栓
下降举升机 	拆卸完保险杠下部螺栓后，解除举升机锁止，按动"下降"按钮，使汽车缓慢下降
拆卸保险杠端角 	使汽车在下降至轮胎离地100～200mm时停止下降，走到保险杠侧边将保险杠端角往外侧轻拉，使保险杠与保险杠支架分离
取出保险杠 	将保险杠向车头方向平移取出，并拔下车身与保险杠连接的线束插头

续表

作业内容及图示	操作方法及步骤/技术规范及要求
拆卸保险杠附件 	拆卸固定在保险杠上的进气格栅、雾灯、雷达、框架、车牌等
安装保险杠 	按与拆卸时相反的顺序安装保险杠
清洁 	用百洁布清洁触碰到的地方
清洁场地 	操作完成后对场地进行清洁，做好 6S 整理工作

评价与反馈

请结合本小组制订的计划，完成保险杠的拆装任务，记录在保险杠的拆装过程中遇到的问题并查找解决方法。记录员根据操作员的操作过程进行评分，具体评分细则如表 4-1-3 所示。

表 4-1-3　操作过程评分表

序号	评分项目	配分	评分细则描述	扣分及细节描述	实际得分
1	安全防护	15	未正确穿戴工作服、安全鞋，或者未视情况适时穿戴手套、口罩、护目镜、耳罩等，每项扣 1 分		
2	规范操作	15	打开发动机罩操作不规范，断开电源操作不规范，每出错一次扣 5 分		
		15	保险杠散热器格栅拆卸顺序不正确，拆下的塑料卡扣放置位置不正确，拆下的保险杠散热器格栅放置位置不正确，每项扣 5 分		
		15	保险杠固定螺钉及螺栓拆卸顺序不正确，拆下的螺钉及螺栓放置位置不正确，每出错一次扣 5 分		
		10	保险杠拆卸顺序不正确，拔下雾灯插头的方法不正确，每项扣 5 分		
		5	拆下的保险杠放置位置不正确，扣 5 分		
3	6S 管理	5	操作完成后未清洁设备、工具、场地，设备、工具未归位，每项扣 1 分		
4	描述所拆卸保险杠的类型和特点	10	类型描述不正确，扣 10 分；特点描述不正确，扣 5 分		
5	安装质量	10	安装不到位扣 10 分		
6	分值合计	100		总得分：	

知识巩固

一、判断题

1. 在拆卸保险杠时，先拆卸线束和雾灯，再拆卸保险杠。　　　　　　　　（　　）

2. 在拆卸保险杠时，若遇到阻力，则应大力拔出保险杠。　　　　　　　　（　　）

3. 汽车保险杠不仅有装饰功能，还可以吸收和缓和外界冲击力。　　　　　（　　）

二、选择题

1. 一般轿车的保险杠安装在（　　　　）。

A. 汽车前端　　　　B. 汽车后端　　　　C. 汽车前、后端

汽车车身钣金整形修复 一体化教程

2. 汽车保险杠一般由（　　）制成。

A．45 号钢　　　B．铝合金　　　C．塑料

3. 在拆装保险杠时，需要用到（　　）。

A．17 号梅花扳手　B．卡扣专用工具　B．羊角锤

任务 2　车门内饰板的拆装

 任务描述

由于汽车车门在长期使用后不可避免地会发生锈蚀、铰链磨损，这会导致车门无法关闭，影响汽车的安全性和美观性，因此需要进行车门总成更换。为此要先把车门内饰板及其他附件拆下，本任务就来学习一下如何对车门内饰板进行拆装。

 知识目标

1. 了解各类车门的结构。
2. 了解车门内饰板所用的材料及固定方式。

 技能目标

1. 掌握车门内饰板拆装常用工具的使用方法。
2. 掌握车门内饰板拆装的操作方法。
3. 能运用所学知识对不同类型的车门内饰板进行正确的拆装。

 素质目标

1. 培养爱岗敬业的职业道德。
2. 养成良好的工作习惯和安全意识。
3. 培养独立分析、解决问题的能力。

▶ **相关知识**

车门是汽车上使用次数最多的部件，在汽车的使用寿命范围内，车门会被成千上万次地打开和关闭。车门的强度必须足够高，并且在汽车发生碰撞时保持关闭，以保护驾驶员和乘客不受伤害。

此外，车门还必须将水和风噪隔离在外面，以保持汽车内部干燥和安静。当汽车发生碰撞时，车门往往会损坏。

168

一、车门的分类与结构

根据开闭方式车门可分为直开式车门（也称为旋转式车门）、推拉式车门（也称为滑动式车门）、折叠式车门、上掀式车门、外摆式车门等。下面只介绍常见的直开式车门和推拉式车门。

1. 直开式车门

直开式车门是轿车及载货汽车上最常见的一种车门，其结构如图 4-2-1 所示。根据铰链布置在车门前端或后端直开式车门又可分为顺开式车门、逆开式车门和对开式车门。

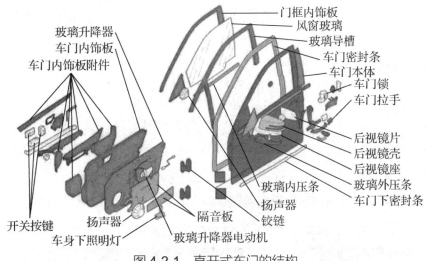

图 4-2-1　直开式车门的结构

（1）顺开式车门。

顺开式车门的铰链布置在车门前端，车门的开启方向与汽车的前进方向一致，即使在汽车行驶过程中车门发生松动也可以借助气流压力关紧车门，比较安全，而且这种车门便于驾驶员在倒车时向后观察，故被广泛采用。其缺点是减小了入座的通道宽度，特别是在载货汽车的平头驾驶室上该缺点更为明显。

（2）逆开式车门。

逆开式车门的铰链布置在车门后端，车门的开启方向与顺开式车门正好相反。在汽车行驶过程中，如果车门发生松动，那么迎面气流将会使车门大开，以致破坏汽车的稳定性，并且易使车门铰链遭到破坏。因此，只在载货汽车的平头驾驶室上为了方便上下车，或者有一些特殊需要时才采用逆开式车门。

（3）对开式车门。

对开式车门前车门的铰链布置在车门前端，后车门的铰链布置在车门后端，两车门开启时是相对而开的。对开式车门后车门的铰链是紧固在后支柱上的，车门开启时向后旋转，

这种铰链布置便于三排座轿车的中排座椅和后排座椅上的人上下车。对开式车门现在运用得较少。

直开式车门的主要附件如下。

（1）车门本体。

车门本体的骨架部分包括内板、外板、窗框加强板等。

外板一般用 0.6～0.8mm 厚的薄钢板冲压而成（目前也有用铝、玻璃纤维或塑料等材料制成的外板），其形状取决于车身侧围的造型和门框的尺寸，一般为空间曲面。

因为车门附件大多数装在内板上，所以对内板的强度和刚度要求较高，重要位置处还要焊上加强板，以提高强度和刚度。

内板和外板一般采用焊接方式并通过四周的咬合形成封闭的箱体，内装车门锁和玻璃升降器等。

（2）铰链与开度限制器。

铰链是车门连接车身的重要支撑件，它用螺栓将车身与车门组装在一起。使用专用工具可以拆装铰链，也可以沿上、下、前、后 4 个方向调整车门与车身的相对位置。

为了防止车门开度过大而与车身发生干涉，在固定铰链的门框上还装有开度限制器，如图 4-2-2 所示。由图 4-2-2 可以看出，当车门开启至半开位置时，开度限制器开始起作用。当车门进一步开启时，开度限制器弹片被压缩产生阻尼作用。这样不仅可以有效抵抗车门开启时的惯性作用，还能使车门在半开至全开行程的任一位置上停留。

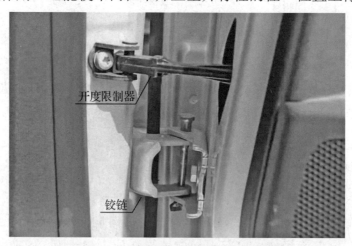

图 4-2-2　车门的铰链与开度限制器

（3）车门锁。

车门锁的种类有很多，其中机械式车门锁有舌簧式、钩簧式、卡板式、齿轮齿条式、凸轮式等几种形式。

在各类机械式车门锁中，卡板式车门锁（又称叉销式车门锁）受力平稳、冲击性小，零件多为钢板冲压、加工后装配而成，结构紧凑，生产工艺性、可靠性、耐久性和维修性均较好，

并且强度高、定位准，锁体部件也可用增强树脂制造，轻巧且开闭噪声小，可用于各种类型的汽车。因此，卡板式车门锁逐渐取代其他类型的车门锁，在车门锁市场中占据了主导地位。

（4）玻璃升降器。

玻璃升降器是调节风窗玻璃开度大小的专用部件，其功能是保证风窗玻璃平衡升降，能随时顺利地开启和关闭。风窗玻璃应能停在任意位置上，既不能向下滑，也不能随汽车的颠簸而上下跳动。在锁上车门后，应能防止车外的人将风窗玻璃降下而进入车内。

玻璃升降器按传动机构的结构可分为臂式玻璃升降器、钢丝绳式玻璃升降器、带式玻璃升降器、齿簧式玻璃升降器、电动玻璃升降器等。

① 臂式玻璃升降器。

臂式玻璃升降器可分为单臂式玻璃升降器和双臂式玻璃升降器两种。其中，双臂式玻璃升降器还可分为交叉臂式玻璃升降器和平行臂式玻璃升降器。

单臂式玻璃升降器［见图 4-2-3（a）、（b）］的优点是结构简单、体积小、质量轻。其缺点是升降时容易因歪斜而阻滞，并且强度也远不如双臂式玻璃升降器高。对于仅一边为垂直导槽的风窗玻璃及其他异型风窗玻璃，为了保证其升降平稳和避免产生歪斜，必须采用如图 4-2-3（c）、（d）、（e）、（f）所示的双臂式玻璃升降器。某双臂式玻璃升降器的结构如图 4-2-4 所示。

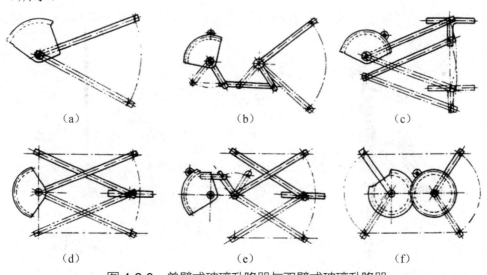

（a）	（b）	（c）
（d）	（e）	（f）

图 4-2-3　单臂式玻璃升降器与双臂式玻璃升降器

② 钢丝绳式玻璃升降器。

图 4-2-5 所示为钢丝绳式玻璃升降器的结构，其动力传递路线为手柄—小齿轮—扇形齿轮—卷筒—钢丝绳—运动托架—玻璃。

钢丝绳式玻璃升降器的主要优点：手柄位置可自由布置；钢丝绳的松紧度可利用张紧轮进行调节；结构简单、加工容易、体积小、质量轻；由于玻璃装配在运动托架上，因此玻璃的重力作用线始终能与钢丝绳平行，玻璃升降过程十分平顺。但由于这种玻璃升降器

不能避免玻璃产生歪斜，因此有必要设置玻璃导轨。

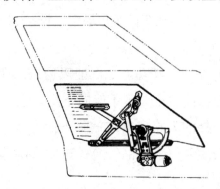

图 4-2-4　某双臂式玻璃升降器的结构

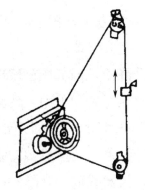

图 4-2-5　钢丝绳式玻璃升降器的结构

③ 带式玻璃升降器。

图 4-2-6 所示为带式玻璃升降器的结构，其动力传递路线为手柄—穿孔带轮—塑料带孔—运动托架—玻璃。

由于带式玻璃升降器的零件多为塑料制品，因此其质量轻、运动平稳、无噪声，并且无须对其进行润滑维护。与采用臂式玻璃升降器相比，采用带式玻璃升降器可使两门轿车质量减小 3.2kg，可使四门轿车质量减小 5.2kg。

④ 齿簧式玻璃升降器。

图 4-2-7 所示为齿簧式玻璃升降器的结构。其动力传递路线为手柄—小齿轮—螺旋弹簧—玻璃托架—玻璃。

图 4-2-6　带式玻璃升降器的结构

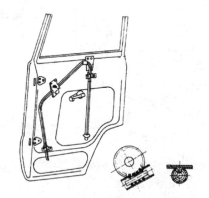

图 4-2-7　齿簧式玻璃升降器的结构

为了减小小齿轮与螺旋弹簧啮合时的摩擦力，除了在螺旋弹簧的内孔中穿有一根直径为 4mm 的多股钢丝绳，还在其表面上缠绕了约 2mm 厚的浸油羊毛。螺旋弹簧外侧套装的薄壁管可使螺旋弹簧沿管内壁滑动。与臂式玻璃升降器相比，齿簧式玻璃升降器的零件少、质量轻、结构简单、工作平稳、无噪声、免维护。

⑤ 电动玻璃升降器。

电动玻璃升降器用可逆式直流电动机和减速器取代手柄，容易实现中央控制。交叉臂

式电动玻璃升降器如图 4-2-4 所示。其电动机及减速机构主要由永久性磁铁、蜗轮、扇形齿轮、小齿轮、蜗杆、橡胶联轴节和电动机转子等组成。其动力传递路线为电动机—蜗杆—蜗轮—小齿轮—扇形齿轮—升降臂—玻璃导轨—玻璃。

钢丝绳式电动玻璃升降器如图 4-2-8 所示，其主要由钢丝绳、玻璃导轨、钢丝绳卷筒、齿轮减速器和电动机等组成。其动力传递路线为电动机—齿轮减速器—钢丝绳卷筒—钢丝绳—玻璃导轨—玻璃。

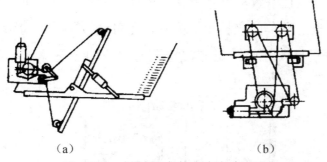

（a） （b）

图 4-2-8 钢丝绳式电动玻璃升降器

同样地，齿簧式玻璃升降器也可由电动机来驱动，其动力传递路线为电动机—齿轮减速器—弹簧及钢丝绳组件—玻璃托架—玻璃。

2. 推拉式车门

推拉式车门适用于小客车和部分厢式载货汽车，如图 4-2-9 所示。

典型的推拉式车门依靠安装在车门上、中、下的 3 个导轨及与之配合的滚柱来运动，曲形导轨决定了车门的运动轨迹。在将车门推开时，可使门体滑向车身后部的外侧。当推拉式车门出现松旷、发咬等故障时，需要通过调整滚柱与滑轨的配合予以排除。

推拉式车门的定位缓冲装置如图 4-2-10 所示。图 4-2-10（a）中的橡胶挡块一方面可以减小关闭车门时的冲击与振动，另一方面可以限制车门在运动过程中的内外摆动。图 4-2-10（b）中的车门定位器可以使车门准确地定位，并且可以防止车门在运动过程中产生垂直方向上的振动。

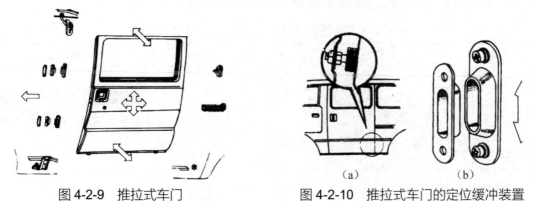

（a） （b）

图 4-2-9 推拉式车门 图 4-2-10 推拉式车门的定位缓冲装置

二、车门可调整原理

车门上常见的可调节的紧固件如图 4-2-11 所示。它是一个装在盒形结构内部的厚钢板盘形板件，车有内螺纹，能根据连接螺栓的数目（至少两个螺栓）进行调节。它放置在点焊到支撑板上的、由金属薄板组成的盒中。盒盘结构如图 4-2-12 所示。由于盒比盘大一些，因此盘能够在盒中移动，且不致从盒中掉落。板件上超尺寸的孔允许将板件向任何方向调整。盒盘结构常用在车门和车门立柱上。另外，还可通过垫片、可调节的定位器来调整车身板件。用垫片调整车身板件曾经是非常普遍的，但如今整体式车身的焊接钢板已几乎不用垫片调整了。

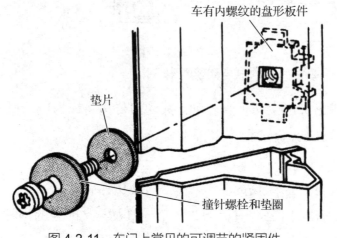

图 4-2-11　车门上常见的可调节的紧固件

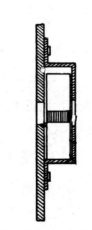

图 4-2-12　盒盘结构

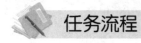 任务流程

一、工具、设备及辅料准备

本任务所需的主要工具、设备及辅料如表 4-2-1 所示。

表 4-2-1　本任务所需的主要工具、设备及辅料

类型	名称	图示	类型	名称	图示
防护工具	纱手套		防护工具	护目镜	

续表

类型	名称	图示	类型	名称	图示
防护工具	降噪耳罩		作业工具	十字螺丝刀	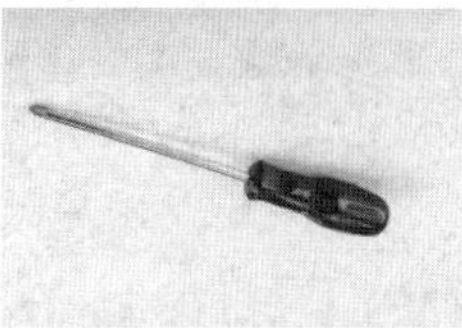
	防尘口罩			一字螺丝刀	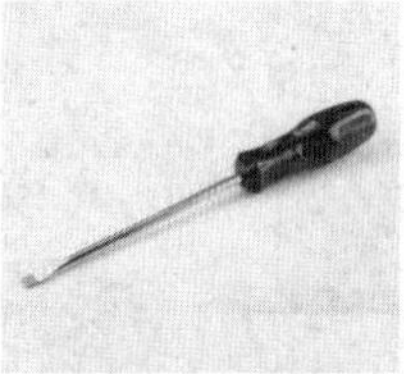
作业工具	维修工具150件套			梅花内六角螺丝刀	
	内饰撬板	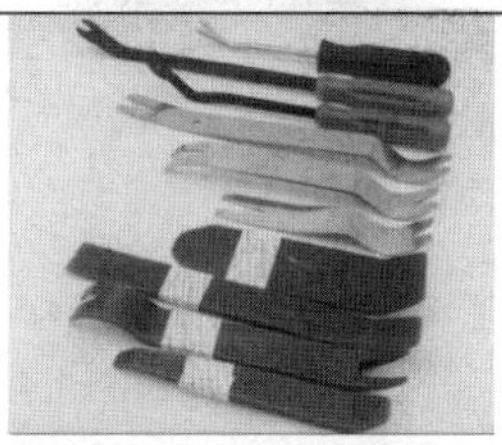			

二、操作方法及步骤

本任务的操作方法及步骤/技术规范及要求如表 4-2-2 所示。

表 4-2-2　本任务的操作方法及步骤/技术规范及要求

作业内容及图示	操作方法及步骤/技术规范及要求
穿戴防护用品 	正确穿戴工作服、口罩、护目镜、手套、安全鞋等防护用品

续表

作业内容及图示	操作方法及步骤/技术规范及要求
断开电源 	打开发动机罩，用 10 号扳手将蓄电池负极电缆拆除，断开电源，以免损坏电气设备
撬开车门内拉手装饰扣 	（1）使用小号一字螺丝刀撬开车门内拉手装饰扣。 （2）在撬动塑料卡扣时，用力要适当，禁止野蛮操作，防止塑料卡扣损坏，影响重复使用。 （3）在使用螺丝刀撬动塑料卡扣时，建议在螺丝刀头部缠好保护胶带
拧下车门内拉手装饰扣紧固螺钉 	使用十字螺丝刀拧下车门内拉手装饰扣紧固螺钉
撬开车门内饰板扶手装饰盖 	用内饰撬板撬开车门内饰板扶手装饰盖，力度要适中，避免力度过大损坏车门内饰板扶手装饰盖

续表

作业内容及图示	操作方法及步骤/技术规范及要求
拧下车门内饰板扶手装饰盖里的紧固螺钉 	用十字螺丝刀拧下车门内饰板扶手装饰盖里的紧固螺钉（2颗）
撬开车门内饰板 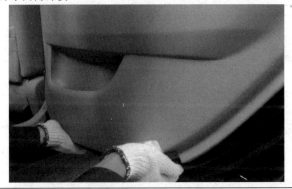	使用内饰撬板或用双手将车门内饰板从下端轻轻拉开，使塑料卡扣与车门分离
拆下车门内饰板 	双手握住车门内饰板总成两端，轻轻向上提拉，将车门内饰板总成与车门分离
拆下车门内拉手总成 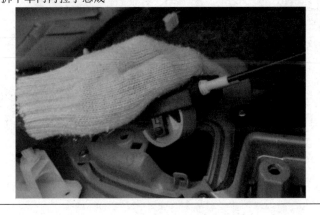	将车门内饰板总成倾斜30°左右，用手扶住车门内饰板总成，将车门内拉手总成与车门锁分离

续表

作业内容及图示	操作方法及步骤/技术规范及要求
拔出玻璃升降器开关 	将玻璃升降器线束插接器与控制开关分离
拔出车门内饰板小灯线束插接器 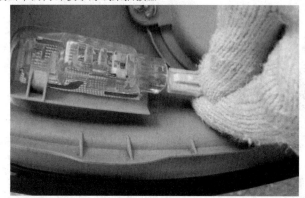	用手将车门内饰板小灯线束插接器与小灯分离
清洁场地 	操作完成后对场地进行清洁，做好 6S 整理工作

评价与反馈

　　请结合本小组制订的计划，完成车门内饰板的拆装任务，记录在车门内饰板的拆装过程中遇到的问题并查找解决方法。记录员根据操作员的操作过程进行评分，具体评分细则如表 4-2-3 所示。

表 4-2-3　操作评分表

序号	评分项目	配分	评分细则描述	扣分及细节描述	实际得分
1	操作前的准备	7	未正确穿戴工作服、安全鞋，或者未视情况适时穿戴手套、口罩、护目镜、耳罩等，每项扣 0.5 分		
			未安装三件套、车轮挡块，每项扣 1 分		
			未检查车辆驻车情况，扣 1 分		
			未查阅维修手册（螺栓扭矩、拆装方法、技术要求），每项扣 0.5 分		
2	检查车门相关电器	10	未检查玻璃升降器、车门锁、后视镜、扬声器等的工作情况，每项扣 2 分		
3	拆卸车门内饰板	42	未规范拆卸玻璃升降器开关，扣 2 分		
			未规范拆卸车门内拉手装饰扣，扣 5 分		
			未规范拆卸车门内饰板，扣 5 分		
			未规范拆卸车门锁拉线，扣 2 分		
			未规范断开线束连接器，扣 2 分		
			带电插拔线束连接器，扣 3 分		
			工具选择不当，扣 3 分；工具使用不当，扣 2 分		
			拆卸造成零部件或总成损坏（不能用手辅助拆卸的易损件除外），每件扣 8 分		
4	安装车门内饰板	31	未正确安装车门锁拉线，扣 2 分		
			未检查车门锁的机械解锁情况，扣 3 分；未规范检查车门锁的机械解锁情况，扣 2 分		
			未规范安装车门内饰板，扣 5 分		
			未安装内扣手、门扶手饰板，每项扣 2 分		
			未规范安装玻璃升降器开关，扣 2 分		
			安装顺序不合理造成重复拆卸，扣 3 分		
			安装造成零部件或总成损坏（易损件除外），每件扣 10 分		
			未检查后视镜、扬声器、玻璃升降器、车门锁工作情况，每项扣 1 分		
5	6S 整理	10	操作过程中工具或量具、工件掉落或落地，每件扣 1 分		
			零部件摆放不当，每件扣 1 分；零部件摆放存在安全隐患，扣 3 分		
			操作完成后设备、工具或量具未清洁或未归位，每项扣 1 分		
			贴护未清除，或未清洁车辆、场地，每项扣 1 分		
	分数合计	100			

知识巩固

一、判断题

1. 在拆卸部件时应以单元的形式来拆卸，这样可减少拆卸时间。（　　）

2. 车身上的连接方式分为可拆卸连接方式和不可拆卸连接方式。（　　）

3. 铆钉属于可拆卸连接方式。（　　）

二、选择题

1. 下列对于车门的拆卸方法的描述中，错误的是（　　）。

A. 在拆卸车门前要对车门进行检查并修复存在的结构问题

B. 如果车门不需要进行重新喷漆，则要在车门外板上包一块毛毯以防止擦伤

C. 利用千斤顶尽量顶住车门，升起得越高越好

D. 在拆卸最后一颗螺钉时，必须有人协助，以防止车门从千斤顶上掉落

2. 在拆卸车门内饰板时，（　　）的做法正确。

A. 用螺丝刀撬开塑料卡扣　　　　　　B. 用叉状工具在两个卡扣之间撬动

C. 用叉状工具在卡扣头上撬动　　　　D. 用尖锐物撬开

3. 两个前纵梁都发生了变形，矫正方法是（　　）。

A. 不拆水箱框架，先矫正严重损伤的纵梁

B. 不拆水箱框架，先矫正轻微损伤的纵梁

C. 拆开水箱框架，分开矫正

4. 下列属于不可拆卸连接的是（　　）。

A. 折边连接　　　　　　B. 卡扣连接　　　　　　C. 螺纹连接

5. 最快速拆卸车门外板的方法是（　　）。

A. 等离子切割　　　　　　B. 焊点转除钻　　　　　　C. 砂轮磨削

项目 5

车身损伤检查、测量与矫正

📖 项目描述

在车辆受损之后需要观察车身损伤状况，弄清楚碰撞时车身如何受力，以及力是如何沿着车体传递的。要对损伤部位和相关区域的部件进行深入检查，并进行科学的诊断，这样才能确定所有受损部位。在检查过程中需要沿着碰撞路线系统地检查相关部件的所有损伤，直到再也找不出任何损伤痕迹及周边区域部件的损坏为止。车身损伤检查、测量与矫正是车身维修的基础，车身损伤检查对车身尺寸测量有一定的影响。车身损伤检查是指通过目测或利用测量工具对事故车辆进行预检，以判定车身的损伤程度、确定损伤范围，这有助于在进行车身维修时更好地安排车身修复作业和控制车身修复质量。

❓ 思考与成长

本项目设计了 3 个工作任务，旨在使学生通过本项目的学习，掌握车身损伤检查、测量与矫正的基本知识和技能，提高专业素养和实际操作能力。车身损伤检查、测量与矫正的内容非常丰富，包括车身结构、材料、碰撞安全、维修等多个方面。在学习这些内容时，需要注意几点：①理论与实践相结合。车身损伤检查、测量与矫正的实践性很强，需要通过实践来加深对理论知识的理解和掌握。因此，在学习本项目内容时，需要多进行实践操作，将理论知识应用到实践中。②注重细节。车身损伤检查、测量与矫正需要非常仔细和认真，不能有丝毫的马虎。因此，在学习本项目内容时，需要注重细节，认真对待每个环节和每个细节。③不断学习和探索。车身损伤检查、测量与矫正是一个不断发展和变化的领域，需要不断学习和探索新的技术和方法。因此，在学习本项目内容时，需要保持学习的热情和积极性，不断探索新的领域和知识。通过本项目的学习，大家思考一下：在维修车辆前是否一定要进行车身损伤检查、测量与矫正？

汽车车身钣金整形修复 一体化教程

任务 1 车身损伤检查

 任务描述

一辆轿车发生了交通事故，车辆前端损坏严重但未伤及车上人员，经保险公司定损后，车辆被拖进 4S 店钣金维修车间进行车身维修。本任务要求对车身损伤进行目测检查，并完成车身损伤检查报告的填写。

 知识目标

1. 了解承载式车身碰撞后的变形倾向及损伤类型。
2. 了解车身每种损伤类型的判断方法。

 技能目标

1. 掌握目测检查车身损伤的方法。
2. 能熟练填写车身损伤检查报告。

 素质目标

1. 培养爱岗敬业的职业道德。
2. 养成良好的工作习惯和安全意识。
3. 培养独立分析、解决问题的能力。

> **相关知识**

一、车辆碰撞概述

车辆碰撞事故引起的车身变形和损伤千变万化，没有碰撞损伤完全相同的车辆。但由于事故发生时驾驶员的反应和车身的结构特点，因此车身在经受碰撞时产生的损伤也是有一定规律可循的。掌握这个规律对车身维修，尤其是对产生碰撞损伤的车身维修具有非常重要的指导意义。车身碰撞损伤都是由外力造成的，掌握车辆碰撞受力的分析方法，结合车身的结构特点对车身变形进行分析将起到事半功倍的效果。

车身在经受碰撞后产生的损伤状况非常复杂，而导致车身损伤最根本原因的是受力。只有对车辆在发生碰撞时的受力情况进行科学、正确的分析，才能准确地把握车身损伤的

182

形式、部位，确定损伤的具体产生原因，这不但对车身损伤程度的判定具有重要意义，而且对车身维修具有指导性意义。

车辆在发生碰撞时的受力情况是非常复杂的，不同的受力情况会导致车身产生不同的损伤，归纳起来主要有以下几个方面。

（1）直接碰撞部位受到的碰撞力是车身产生碰撞损伤的主要原因。

（2）如果被撞物体是非固定体，且其遭受撞击的部位位于该物体重心的下方，则在撞击发生时该物体会被抛起，并以下落的方式将车身砸伤。

（3）惯性力造成的损伤。

① 车身上安装的较重总成部件，以及车上人员、货物等在发生碰撞时因惯性力对车身造成冲击。

② 车身本体由于惯性力作用而发生弯曲、翘曲等变形。

此外，以下因素也会对车身碰撞损伤产生影响。

（1）车辆碰撞时的车速。

（2）碰撞点的位置、碰撞力的大小和方向。

（3）车辆的结构、大小、形状和质量。

二、碰撞力分析

1. 碰撞力

车辆在发生碰撞时的受力大小与其碰撞前后的运动状态、被撞物体的状态、碰撞持续时间等有很大关系。车辆在行驶过程中积聚了一定的动能，当碰撞发生时，动能会全部或部分转化成冲击能量，使车身构件在吸收冲击能量的过程中产生变形。一辆汽车的总质量越大、行驶速度越快，其积聚的动能越大。

碰撞造成的车身损伤程度虽然主要取决于碰撞力，但车身受力面积的大小也对车身损伤程度起着决定性的作用。在其他条件相同时，如果车身以较大的平面与另一个平面物体相撞，那么车身所产生的损伤将比以较小的平面与另一个非平面（如柱子、墙角等）物体相撞产生的损伤小。图 5-1-1 所示为汽车与不同面积障碍物相撞后的结果。

如图 5-1-1（a）所示，车辆与一堵墙正面相撞，因为车辆正面面积较大且墙面平直，所以碰撞力以均布载荷的形式作用于车身，总体作用力虽然很大，但由平面均匀分配后对车身的影响减小很多。如图 5-1-1（b）所示，车辆与柱子相撞，虽然其总体作用力与图 5-1-1（a）中相同，但由于力的作用面积小，所以损伤比前者严重得多。

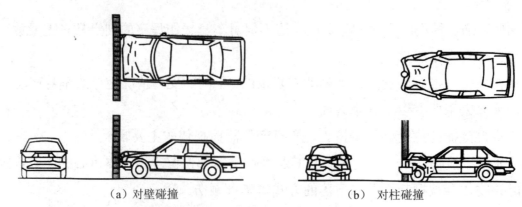

（a）对壁碰撞　　　　　　（b）对柱碰撞

图 5-1-1　汽车与不同面积障碍物相撞后的结果

另外，碰撞发生时作用力的方向与汽车重心的相对位置对车身的整体变形也会产生不同的影响。其中，作用力的方向与汽车重心重合的称为向心式碰撞；作用力的方向与汽车重心不重合的称为偏心式碰撞。碰撞发生时作用力方向的分类如图 5-1-2 所示。

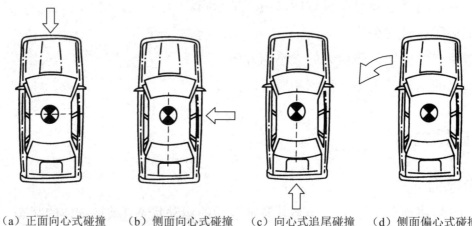

（a）正面向心式碰撞　（b）侧面向心式碰撞　（c）向心式追尾碰撞　（d）侧面偏心式碰撞

图 5-1-2　碰撞发生时作用力方向的分类

正面向心式碰撞的危害是最严重的，而向心式追尾碰撞的危害则相对小得多。

侧面向心式碰撞的冲击力恰好指向汽车重心，侧向冲击力的方向与汽车重心重合的结果是，碰撞过程中汽车的横移受到限制（不易发生整体横向滑移），力的作用时间也因此表现出瞬时性。因此，在其他条件相同的情况下，其损伤程度往往较为严重。

如果来自车身侧面的碰撞力偏离汽车重心，则会使车身整体以重心所在的竖轴为轴产生回转现象。这种回转延长了碰撞力的作用时间，冲击能量也因此被相应地减小了。更通俗的解释是，回转使车身产生了避让效应，有助于减轻碰撞对车身造成的损伤程度。

侧面偏心式碰撞所产生的回转力矩的大小决定了避让效应的强弱，即碰撞点与汽车重心之间的距离越大，避让效应越强；反之，避让效应越弱。

应当说明的是，上述分析是在假定车辆未采取任何减速措施的情况下进行的，并且认为车辆的运动末速度也完全是由碰撞力造成的。但实际在事故发生时，驾驶员往往会采取

一定的制动和避让措施，使车辆在碰撞发生时的运动速度降到一个比较低的水平，其原来具备的较大的动能大部分会消耗在制动所产生的摩擦中，当碰撞发生时动能已经比较小了。在碰撞发生后，车辆的运动末速度会受制动的影响。在碰撞发生时被撞物体会获取能量从而产生加速度，碰撞造成的较大的变形会吸收部分能量。以上是对碰撞力的分析，虽然不能准确地计算车辆的实际受力，但对于进行车辆的损伤诊断已经足够了。

2．惯性力

车辆在发生碰撞时，碰撞力是造成车身损伤的主要原因，其对车身的损伤最大、最直接，但其他力，如惯性力等同样会对车身损伤产生巨大的影响，下面简单地对其进行分析。

车辆在行驶时具有一定的惯性，车上搭载的发动机、变速箱等总成，以及车上人员、货物等与车辆一同运动，也具有一定的惯性。在碰撞发生时，除碰撞力对车身造成损伤以外，这些来自车辆自身和载重的惯性力对车身同样会产生冲击，从而对车身造成二次损伤。这种由惯性力对车身造成的损伤同样是非常严重的，在进行车辆碰撞分析时尤其不能忽视。

图 5-1-3 所示为发生碰撞时车辆由于自身的惯性力作用而变形。汽车与一个固定刚性物体相撞，车速瞬间降为零，此时车身整体在惯性力作用下有一个向前翻转的趋势，车身后部腾起，之后又重重跌落。车身上某些强度较低的部位经受不住后部巨大的惯性转矩和跌落时的冲击，发生较大的变形，如车身顶部凹陷、后部向上翘曲，后地板弯曲，后翼子板等部位产生不同程度的损坏。

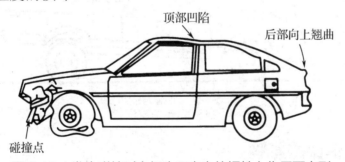

图 5-1-3　发生碰撞时车辆由于自身的惯性力作用而变形

图 5-1-4 所示为车上人员和货物在惯性力作用下对车身造成二次损伤。此类损伤将影响车顶、后备箱盖、仪表台、前挡风玻璃，以及车内座椅、装饰件等。

图 5-1-4　车上人员和货物在惯性力作用下对车身造成二次损伤

除上述情况以外，车载总成等也会由于惯性力作用而对车身造成损伤。以前置发动机前轮驱动车辆为例，发动机与传动系统以一个整体的形式固定在车身上，总质量达几百千克。如此大质量的部件在与车辆一同高速运动时积聚了很大的动能，当发生正面碰撞时，车身速度很快下降，而这两个总成由于惯性力作用仍然向前冲，巨大的冲击力会对支承连接部位造成撕裂并使其发生位移，影响整体的定位参数。

3．下砸力

下砸力多来自车辆与非固定物体的碰撞。当车辆与一个非固定物体相撞时，如果被撞物体质量较小且重心较高，而碰撞点位于该物体重心的下方，则被撞物体在惯性力作用下会向车辆翻倒并且可能滚过车身的整个上部，砸伤车身上部非直接撞击部位。下砸力的产生如图 5-1-5 所示。当车辆与一个较高的非固定柱状物体相撞时，车身前部承受直接撞击力，发动机罩在承受撞击力时已经发生较大的变形，当该被撞物体向车辆翻倒时，发动机罩又承受了下砸力，其变形情况更加复杂。

由以上的例子可以看出，通过对碰撞点的受力情况进行分析，可以很快地找到车身上碰撞力的传递路线，沿着这条路线可以发现距离碰撞点较远部位的损坏情况。用受力分析的方法对车身进行损伤检查是非常全面的，可以指导车身维修人员对一些重点部位进行必要的检查，不会只局限在碰撞点周围而漏掉其他非常重要的部位。

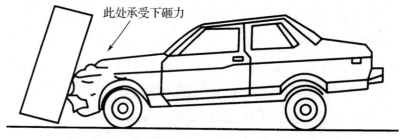

此处承受下砸力

图 5-1-5　下砸力的产生

三、碰撞对车身的影响

1．碰撞情况的确定

为了准确地判定车身的损伤程度，车身维修人员需要掌握碰撞事故发生时的具体情况，通过与驾驶员交谈、观察现场等对事故车辆有一个基本了解。此外，还要特别注意以下几个方面。

（1）事故车辆的结构、基本尺寸等。

（2）碰撞时的车速和被撞物体等。

（3）碰撞点的位置、碰撞力的大小和方向等。

（4）车辆的载重情况、人员或货物的数量和位置等。

在了解了上述基本情况后，结合碰撞点的受力情况对车辆进行检查。有经验的车身维修人员还应对不同类型的车辆在发生碰撞时的不同变形特点有进一步的了解，这对车身的损伤程度判定和维修方案制订有很好的帮助。

车辆发生碰撞事故后，由于碰撞点的位置、碰撞力的大小和方向及力的传递路线等不同，因此对车身板件和结构件所造成的损伤也不相同。但基于事故发生时驾驶员的反应和车身的结构特点，车身在经受碰撞时产生的损伤也是有一定规律可循的。

当事故发生时，如果驾驶员的第一反应是躲开障碍物，那么车辆将发生侧面碰撞，如图 5-1-6 所示；如果驾驶员的第一反应是紧急制动，那么车辆将发生正面碰撞，如图 5-1-7 所示。当发生正面碰撞时，如果碰撞点较高，则会引起车辆发动机罩和车顶上翻，车尾下凹；如果碰撞点较低，则车身惯性力作用会使车尾上翻，车顶前移，前车门顶部和车顶轮廓线间出现较大裂口。

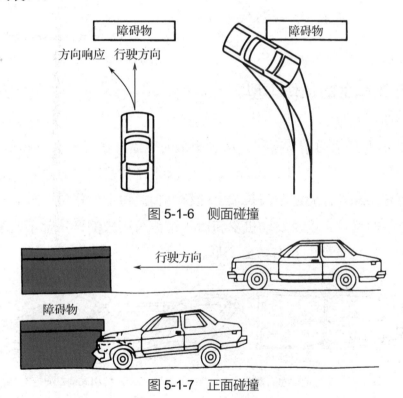

图 5-1-6　侧面碰撞

图 5-1-7　正面碰撞

另一种需要考虑的情况是一辆汽车撞到另一辆正在行驶的汽车。图 5-1-8 所示为两辆汽车的侧面碰撞。如果汽车 1 撞到正在行驶的汽车 2 的侧面，汽车 1 的运动将向后挤压其前端，同时汽车 2 的运动会将汽车 1 向侧面拖动，因此汽车 1 虽然仅有一处碰撞，却在两个方向上产生损伤。

2. 碰撞对非承载式车身的影响

许多车辆采用非承载式车身（又称车架式车身）结构，如皮卡、越野车辆等。这些车辆有坚固的车架，车身通过螺栓和橡胶垫固定在车架上。当发生碰撞时，由于有坚固的车

架承受巨大的碰撞力，因此车身的损伤程度往往会轻一些，在对这类车辆进行维修时重点是对车架的矫正。

非承载式车身的车架上设置了一些碰撞吸能区，在遭受较大的冲击时通过发生变形来吸收碰撞能量。图 5-1-9 所示为车架和车身上的碰撞吸能区，其中圈出的部位为车架和车身上较柔和的缓冲部位，主要用于缓冲来自前端或后端的碰撞冲击。

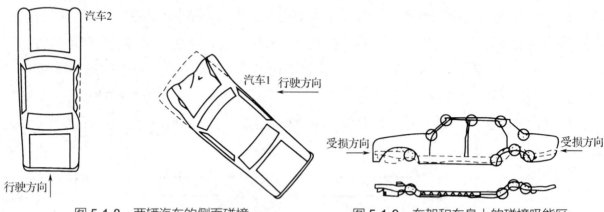

图 5-1-8 两辆汽车的侧面碰撞　　　　　　图 5-1-9 车架和车身上的碰撞吸能区

3. 非承载式车身的损伤类型

（1）左右弯曲。

图 5-1-10 所示为车架的左右弯曲。从一侧来的碰撞冲击经常会引起车架的左右弯曲，左右弯曲通常发生在车架的前部或后部，一般可以通过观察钢梁的内侧及对应钢梁的外侧是否有褶皱来判定。此外，通过车门长边上的裂缝和短边上的褶皱，车辆一侧明显的碰撞损伤，车身和车顶的错位，以及发动机罩和后备箱盖与相应的开口部不匹配（或不能正常开启）等也可初步判定车架的左右弯曲变形。

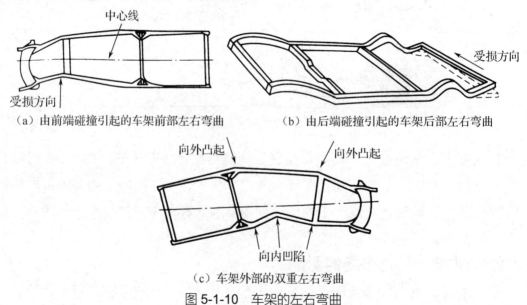

（a）由前端碰撞引起的车架前部左右弯曲　　　　（b）由后端碰撞引起的车架后部左右弯曲

（c）车架外部的双重左右弯曲

图 5-1-10 车架的左右弯曲

（2）上下弯曲。

图 5-1-11 所示为车架的上下弯曲。从车辆的外表观察，碰撞后通常有前部或后部低于正常车辆的现象，整个车身在结构上也有前倾或后倾的现象。上下弯曲一般由前端或后端的直接碰撞引起，可能发生在车辆一侧，也可能发生在车辆两侧。判定车架的上下弯曲变形可以通过查看翼子板与车门之间的缝隙是否在顶部变窄、在下部变宽实现，也可以通过查看车门在碰撞后是否下垂实现。

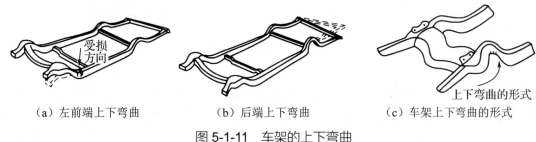

（a）左前端上下弯曲　　　　　（b）后端上下弯曲　　　　　（c）车架上下弯曲的形式

图 5-1-11　车架的上下弯曲

车架的上下弯曲是碰撞中最常见的一种损伤，它会发生在大多数事故车辆上。严重的上下弯曲，即使在车架上看不出褶皱和弯曲，也可能破坏上车身的准直。

（3）断裂损伤。

当车辆发生断裂损伤后，车上的某些部件或车架的尺寸会小于原车的技术尺寸。断裂损伤通常表现为发动机罩的前移或后窗的后移。有时车门可能吻合得很好，看上去没有受到任何干扰，但褶皱或其他严重的变形有可能已发生在车身或车架的拐角处，而且侧梁会在车轮挡板圆顶处向上提升，导致车身损伤。当车辆发生断裂损伤后，保险杠一般会有一个非常微小的位移，多由前端或后端的直接碰撞引起。车架的断裂损伤如图 5-1-12 所示（箭头所指处）。

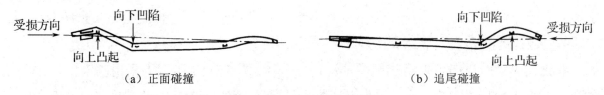

（a）正面碰撞　　　　　　　　　　　　　　　（b）追尾碰撞

图 5-1-12　车架的断裂损伤

（4）菱形变形。

当车架的一角或偏心点受到来自前端或后端的撞击时，其一侧整体向前或向后移动，引起车架或车身的歪斜，使其形成一个接近平行四边形的形状，称为车架的菱形变形，如图 5-1-13 所示。

菱形变形会对整个车架造成影响，而不是仅影响汽车一侧的钢梁。从外观上可以看到发动机罩和后备箱盖发生错位，在接近后车轮罩的相互垂直的钢板上或垂直钢板接头的顶部可能出现褶皱，同时在主地板或后地板上也可能出现褶皱或弯曲。

通常，菱形变形还会导致断裂及弯曲的组合损伤。

（5）扭转变形。

车架的扭转变形如图 5-1-14 所示。汽车在高速行驶过程中撞到路缘石或道路中央隔离石时可能会发生扭转变形，在发生后侧角端碰撞和翻滚时往往也会发生扭转变形。

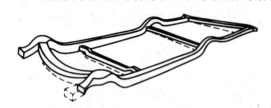

图 5-1-13　车架的菱形变形

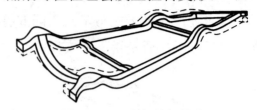

图 5-1-14　车架的扭转变形

发生扭转变形以后，汽车的一角会比正常情况下高，而邻近的一角则会比正常情况下低。检查时在钢板表面上可能看不出任何明显的损伤，因为真正的损伤往往隐藏在底层。

在碰撞力的作用下，如果汽车的一角向前移，而邻近的一角下垂得很接近地面，就应对汽车进行扭转变形检查。

（6）损伤发生的顺序及维修时应注意的问题。

车架发生各类损伤的顺序为左右弯曲→上下弯曲→断裂损伤→菱形变形→扭转变形，但大多数碰撞事故导致的损伤是上述损伤类型的混合。左右弯曲和上下弯曲经常几乎同时发生，而且碰撞力的分力还作用在车架的横向构件，特别是前部构件上。在倾翻事故中，安装发动机的前部横向构件会由于发动机产生的推力或拉力而变形，并导致上下弯曲。

在进行修理时，车架调整最重要的准则是颠倒方向和顺序。车架变形可通过比较检查车身上的车门槛板与车架前后部之间的空间尺寸，以及前翼子板与前后轮毂之间的空间尺寸判定，但要做出准确的损伤评估还需要不断地积累经验，并配合测量结果来综合判断。

4．碰撞对承载式车身的影响

承载式车身的损伤可采用圆锥图形法进行分析。图 5-1-15 所示为采用圆锥图形法确定碰撞对承载式车身的影响。承载式车身通常设计为能够很好地吸收碰撞时产生的能量的形式。汽车车身由于吸收碰撞能量而折合收缩，渗透到车身结构中的碰撞能量因被车身更深入的部位吸收而逐渐扩散，直至完全消除。圆锥图形法是指将碰撞点看成圆锥体的顶点，圆锥体的中心线表示碰撞方向，圆锥体的高度和范围表示碰撞力穿过车身壳体扩散的区域。圆锥体的顶点是直接损坏的部位，也是主要的受损区域。

由于整个车身壳体由许多薄钢板连接而成，因此碰撞能量及其引起的振动大部分被车身壳体吸收。碰撞冲击波穿过车身结构产生的影响称为间接损伤（或二次损伤）。图 5-1-16 所示为碰撞能量沿车身结构件传递。二次损伤朝着承载式车身的内部结构或朝着车辆的相对一端或相对一侧发展。图 5-1-17 所示为碰撞对车身一侧的影响。

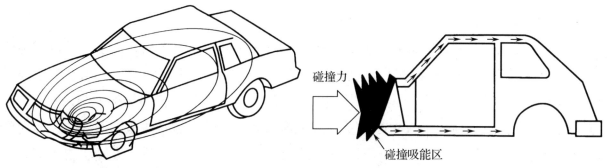

图 5-1-15　采用圆锥图形法确定碰撞对承载式车身的影响　　图 5-1-16　碰撞能量沿车身结构件传递

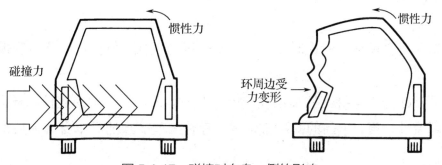

图 5-1-17　碰撞对车身一侧的影响

为了控制二次损伤及为车上人员提供更安全的乘坐空间，承载式车身在结构上采取了不同刚度等级的方法，在前部和后部都设计了碰撞吸能区（也称为缓冲区或挤压区）。当车辆前后端发生碰撞时，这些碰撞吸能区可以吸收大量的碰撞能量，从而保护中部的乘员室。来自侧面的碰撞能量被主地板侧梁及其加强梁、中心立柱、侧向防撞杆等加强部件吸收。

5．承载式车身的碰撞类型

（1）前端碰撞。

车身前端碰撞变形的程度与碰撞力的大小、方向和碰撞对象等有很大的关系。

当车身前端碰撞变形的程度较轻时，一般会使车身前部保险杠及其连接支架受到损伤，并首先波及散热器及散热器支架、前翼子板和发动机罩等部位。

当车身前端碰撞变形的程度较重时，导致的损伤范围会扩大，如前翼子板后移，造成前门开启困难；发动机罩严重变形并伴随铰链翘曲，有时会触及前围板、上罩板；散热器和散热器支架严重变形，波及风扇和空调散热器等部件；前侧梁发生弯曲或断裂，前悬架发生严重变形等。

（2）后端碰撞。

当发生后端碰撞时，车身受损的程度取决于碰撞面积、碰撞时的车速、碰撞对象和车辆的总质量等。如果碰撞比较轻，则会造成后保险杠、后地板（或后备箱地板）、后备箱盖、后翼子板等部件的变形，以及相互垂直的车身板件扭曲；如果碰撞比较严重，则后顶盖侧板会塌陷至顶板底面，四门车的 B 柱、C 柱可能会弯曲，车辆的顶板可能会弯曲等。

（3）侧面碰撞。

当发生侧面碰撞时，若碰撞严重，则车门、前部构件（前翼子板、翼子板内板和前侧梁等）、中心立柱、主地板侧梁、地板和顶板等都会发生不同程度的变形。当前翼子板或后顶盖侧板受到垂直方向上较大的碰撞力时，振动波会传递到车辆的另外一侧，使车辆整体发生弯曲变形。当前翼子板中心位置受到碰撞力时，前轮会被推进去，振动波会传递到前侧梁，甚至通过副梁传递到另一侧车轮，造成另一侧车轮定位失准，发动机支承架、转向系统等也会因此而产生损伤。

（4）顶部碰撞。

当坠落物体使汽车顶部受损时，受损的不仅仅是顶板，侧梁、后顶盖侧板及车窗等都可能受损。

如果车辆倾翻之后车身支柱和顶板已经弯曲，那么相反一侧的支柱同样会受损。汽车损伤的程度可通过车窗、车门的变形来确定。有时在车辆倾翻后车身的前后部件也可能被撞伤。

6．承载式车身的损伤类型

（1）左右弯曲。

来自一侧的碰撞冲击经常会引起车身的左右弯曲（或一侧弯曲）。左右弯曲通常发生在汽车前部或后部，一般可通过观察车辆一侧明显的碰撞损伤、车门与周围板件之间缝隙的变化及车门高度的变化、车身和车顶的错位等来判定。

（2）上下弯曲。

上下弯曲是碰撞损伤中最为常见的一种损伤，一般由前端或后端的直接碰撞引起，可能发生在汽车的一侧，也可能发生在汽车的两侧，基本现象是车身有倾斜或离地间隙不一致，可以通过查看翼子板与车门之间的缝隙是否在顶部变窄、在下部变宽或车门在碰撞后是否下垂等来判定。

（3）断裂损伤。

当碰撞过程持续进行时，在碰撞点上会产生显著的挤压，碰撞能量被车身结构通过变形吸收（以保护乘员室），离碰撞点较远的部位可能会产生褶皱、断裂或松动。

断裂损伤可通过测量其长度是否超出配合公差来判定，它与非承载式车身的断裂损伤相似。

（4）增宽损伤。

对承载式车身而言，正面碰撞时传递到乘员室的碰撞力会使侧面结构弯曲远离车上人员（而不是向内侧挤压），同时侧梁变形，车门与周围板件之间的缝隙增宽。增宽损伤通常可以通过测量车门与周围板件之间缝隙的变化和车门高度的变化来判定。

（5）扭转变形。

汽车在高速行驶过程中撞到路缘石或道路中央隔离石时可能会发生扭转变形。发生扭转变形以后，汽车的一角通常较正常位置高或低一些，而邻近的一角情况正好相反。即使最初的碰撞直接作用于中心点，再次冲击还是会产生扭转力，从而引起车身的扭转变形。承载式车身的扭转变形与非承载式车身车架的扭转变形相似，通常是最后的碰撞结果，可以通过测量其高度或宽度的尺寸变化来判定。

承载式车身发生各类损伤的顺序一般为左右弯曲→上下弯曲→断裂损伤→扭转变形→增宽损伤。

发生在非承载式车身和承载式车身的损伤类型是极为相近的，尽管后者可能更复杂。但要注意，剧烈的碰撞不会引起承载式车身的菱形变形。承载式车身的调整同非承载式车身的车架调整一样，采用先进后出的原则，即首先矫正最后发生的损伤，这也是修复承载式车身的最佳方法，间接损伤要通过精确的测量才能判定。

四、承载式车身的防撞功能

承载式车身没有单独的车身结构件与覆盖件，采用焊接的方式连接在一起，这种设计有助于在发生碰撞时保护车上的人员。

承载式车身与非承载式车身的安全性意义是有区别的。非承载式车身依靠底盘大梁架的弧度和刚性抵消、减弱和限制碰撞力，从而起到保护车上人员的作用，碰撞损伤也常局限在碰撞部位周围。承载式车身依靠全车身的结构件和覆盖件整体承受碰撞力，其刚性较大的结构件可以将碰撞力传递和分散到车身的各个部位，由各个部位分别吸收碰撞能量。这种结构可能会导致远离碰撞点的车身部件发生损伤，因此在进行承载式车身的检查和修复作业时，要注意整个车身总体结构尺寸的变化和各个主要部件的连接状况。

碰撞吸能区是承载式车身中特意做得比较薄弱的区域，以实现在碰撞中溃缩。碰撞吸能区对连带损伤有一定控制作用，有助于使乘员室更加安全，因为其被设计成按照预定方式溃缩的形式。

图 5-1-18 所示为承载式车身吸能示意图，箭头表明了在承载式车身中碰撞能量散开的方向。

碰撞吸能区是用于在高速碰撞中减缓乘员室所受冲击的前后部分。厚重的箱形立柱和车门梁用来避免在侧面碰撞中乘员室被侵入变形。一般将汽车分为前、中、后三部分，这三部分的刚度是分级的，中部乘员室刚度最高，前部发动机舱和后部后备箱都具有较大的韧性。一般汽车在正面碰撞试验（车速为 50km/h）中，前部压缩 30%～40%，而中部压缩 1%～2%。

碰撞吸能区的主要特征有截面突然变窄、截面突然弯曲、梁上有孔洞（非安装孔）、褶皱的设计等。在进行维修时，碰撞吸能区不能被加强，也不能被切割，最好的方法是整体更换。

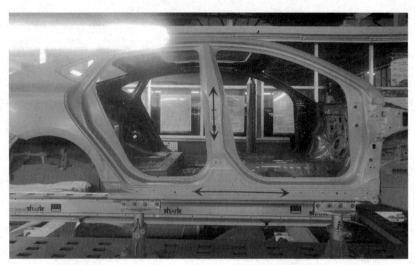

图 5-1-18 承载式车身吸能示意图

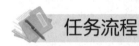

一、工具、设备及辅料准备

本任务所需的主要工具、设备及辅料如表 5-1-1 所示。

表 5-1-1 本任务所需的主要工具、设备及辅料

类型	名称	图示	类型	名称	图示
防护工具	纱手套		作业工具	间隙尺	
	护目镜			照明工具	
	防尘口罩				

二、操作方法及步骤

本任务的操作方法及步骤/技术规范及要求如表 5-1-2 所示。

表 5-1-2　本任务的操作方法及步骤/技术规范及要求

作业内容及图示	操作方法及步骤/技术规范及要求
了解事故车辆现场情况 	（1）向发生碰撞事故车辆的驾驶员询问或查看定损报告，了解事故车辆现场情况。 （2）及时获知车辆信息及损伤情况，以便更全面、准确、迅速地检查车身损伤
确定损伤部位 	（1）正确穿戴工作服、手套、护目镜、口罩等防护用品。 （2）从碰撞点（图中圆圈区域）开始，环绕车辆一周统计撞击次数，评价其幅度，确定车身损伤顺序。 （3）在观察车身损伤时，应沿着车辆顺时针或逆时针走一圈并仔细观察。 （4）在环绕车辆观察车身损伤时应将车辆固定，以避免发生危险
检查车身外部损伤和变形情况一 	从车辆前部观察损伤部位
检查车身外部损伤和变形情况二 	从车辆侧面观察损伤部位。侧面主要检查左右弯曲、上下弯曲、扭转变形等变形情况。此时人站在车身侧面，并由 A 柱向车顶边缘方向观察车身变形情况

作业内容及图示	操作方法及步骤/技术规范及要求
检查车身外部板件定位情况一 	检查发动机罩与翼子板的装配间隙和配合。 （1）检查发动机罩铰链配合是否正常。 （2）检查发动机罩开启与关闭是否正常。 　　可用手掌触摸发动机罩与翼子板表面，如果有起伏或变化，则表明此处有缺陷
检查车身外部板件定位情况二 	检查车门的装配间隙和配合。 （1）检查带铰链部件的装配间隙和配合是否正常。 （2）检查车门的开启与关闭是否正常。 （3）在开启、关闭车门的同时观察车门边缘与两车门间的曲面是否吻合或平顺，也可用手掌触摸车门表面，如果有起伏或变化，则表明此处有损伤
检查车身外部板件定位情况三 	检查前围与前照灯的装配间隙和配合。 （1）检查前围与前照灯的装配间隙和配合是否正常。 （2）检查前围有无明显损坏。 （3）检查前围装配是否牢固，如果前围与前照灯的装配明显异常，则表明此处有损伤
检查车身外部板件定位情况四 	检查后备箱盖与侧围的装配间隙和配合。 （1）检查带铰链部件的装配间隙和配合是否正常。 （2）检查后备箱盖的开启与关闭是否正常。 （3）观察后备箱盖与侧围边缘间的曲面是否吻合或平顺，如果有明显起伏或变化，则表明此处有损伤

续表

作业内容及图示	操作方法及步骤/技术规范及要求
检查车身外部板件定位情况五 	检查尾灯。 （1）检查尾灯外部是否有明显剐伤或损坏。 （2）检查尾灯与车身的装配间隙和配合是否正常。 （3）检察尾灯与侧围边缘间的曲面是否吻合或平顺，如果有明显起伏或变化，则表明此处有损伤
检查车身外部板件定位情况六 	检查后备箱盖与尾灯的装配间隙和配合。 （1）检查后备箱盖的开启与关闭是否正常。 （2）检查后备箱盖与尾灯的装配间隙和配合是否正常，如果尾灯与后备箱盖边缘间的曲面有明显起伏或变化，则表明此处有损伤
检查车身外部板件定位情况七 	检查后围与后翼子板的装配间隙和配合。 （1）检查后围与后翼子板的装配间隙是否正常。 （2）检查后围与后翼子板的配合是否正常。 （3）观察后围与后翼子板边缘间的曲面是否吻合或平顺，如果有明显起伏或变化，则表明此处有损伤
检查车身外部板件定位情况八 	检查后门与后翼子板的装配间隙和配合。 （1）检查后门的开启与关闭是否正常。 （2）检查后门带铰链部件的装配间隙和配合是否正常。 （3）检察后门与后翼子板边缘间的曲面是否吻合或平顺，如果有明显起伏或变化，则表明此处有损伤

作业内容及图示	操作方法及步骤/技术规范及要求
检查车身外部板件定位情况九 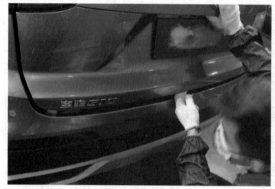	检查后围与后备箱盖的装配间隙和配合。 （1）检查后围与后备箱盖的装配间隙是否正常。 （2）检查后备箱盖的开启与关闭是否正常。 （3）检查后备箱盖与后围的配合是否正常，如果配合不紧密或存在裂纹，则表明此处有隐蔽损伤
检查车身内部板件定位情况一 	检查后备箱。 （1）检查后备箱焊缝密封胶是否有剥落。 （2）检查后备箱板件是否有明显的凹陷与隆起。 （3）检查后备箱板件表面油漆是否有明显破裂。 （4）检查后备箱表面是否有其他类型的损伤
检查车身内部板件定位情况二 	检查乘员室。 （1）检查仪表板及附件是否受损。 （2）检查方向盘、转向柱是否受损。 （3）检查座椅、安全带是否受损。 （4）检查车门、门把手是否受损。 （5）检查车内装饰件是否受损。 （6）检查乘员约束系统是否受损
检查车身内部板件定位情况三 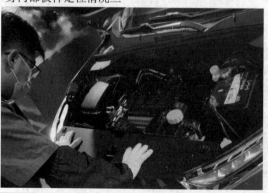	检查发动机舱。 （1）打开发动机罩。 （2）检查发动机支承是否变形。 （3）检查变速器支座是否变形。 （4）检查辅助系统与底盘的接触有无异常。 （5）检查发动机舱焊缝密封胶是否有剥落。 （6）检查发动机舱是否有其他变形情况

续表

作业内容及图示	操作方法及步骤/技术规范及要求
检查车身底部损伤情况一 	举升事故车辆。 （1）按动举升机控制柜上的"举升"按钮，将事故车辆举升到适宜的高度（作业位置）后，停止举升，并按下举升机控制柜上的"锁定"按钮。 （2）确认举升机安全锁止后，开始检查车身底部损伤情况。 安全警告：在车辆举升过程中不允许在车辆周围或下方进行作业
检查车身底部损伤情况二 	检查车身底部一。 （1）检查发动机油泄漏情况。 （2）检查变速器油泄漏情况。 （3）检查散热器冷却液泄漏情况。 （4）检查底部焊缝密封胶是否有剥落。 （5）检查车身底部是否有其他变形情况
检查车身底部损伤情况三 	检查车身底部二。 （1）检查转向机构外部是否有明显裂纹、弯曲、凹陷等损伤。 （2）检查传动机构外部是否有明显裂纹、脱焊、凹陷等情况。 （3）检查转向轮外侧有是否有明显破裂、炸点，内侧是否有裂纹、撕开等损伤
检查车身底部损伤情况四 	下降车辆。 （1）检查完成后，按下举升机控制柜上的"上升"按钮，并解除举升机锁止。 （2）按动"下降"按钮，使车辆下降到原位置。 安全警告：在车辆下降过程中不允许在车辆周围或下方进行作业

续表

作业内容及图示	操作方法及步骤/技术规范及要求
检查前轮转向装置性能一 	安装三件套。 （1）安装方向盘套。 （2）安装脚垫。 （3）安装座椅套
检查前轮转向装置性能二 	通过前轮直行时方向盘是否处于中心位置检查转向操作装置。 （1）确定方向盘中心位置。 （2）检查前轮是否直行。如果方向盘处于中心位置而前轮有明显偏转，则说明转向操作装置有损伤；如果方向盘处于中心位置而前轮没有指向正前方且不能自由转动，则说明转向操作装置损伤严重
检查前轮转向装置性能三 	检查转向器性能，在方向盘中心位置做好记号后，按汽车前部或后部，给悬架加载后迅速释放，同时进行观察。 （1）如果方向盘在连续几次振动、回跳试验中有变化，则说明转向器或联动机构可能损坏。 （2）将方向盘从一个极限位置向另一个极限位置转动，若车身有抬起和落下现象，则说明转向器有机械损伤
检查发动机工况一 	打开发动机罩。 （1）松开车内发动机罩拉索开关。 （2）支起发动机罩

续表

作业内容及图示	操作方法及步骤/技术规范及要求
检查发动机工况二 	检查发动机运转情况。 技术要求：正确启动发动机。 （1）检查是否有异常的振动噪声。 （2）检查是否有异常的接触噪声。 安全警告：启动发动机前要确认事故车辆水油液面正常，发动机机械部件外部无明显损伤，还应注意车辆的挡位、挡块及驻车制动器是否处于工作状态
检查发动机工况三 	关闭发动机罩。 （1）放下发动机罩支撑杆。 （2）关闭发动机罩
检查车身电气系统功能一 	检查灯光控制开关性能。 （1）检查灯光控制开关性能是否符合车辆使用技术要求。 （2）检查灯光控制开关是否损坏。 （3）检查灯光控制开关操作是否灵活
检查车身电气系统功能二 	检查雨刮器控制开关性能。 （1）检查雨刮器控制开关性能是否符合车辆使用技术要求。 （2）检查雨刮器控制开关是否损坏。 （3）检查雨刮器控制开关操作是否灵活

作业内容及图示	操作方法及步骤/技术规范及要求
检查车身灯光系统功能一 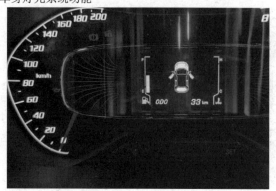	检查仪表灯。 （1）打开仪表灯控制开关。 （2）检查仪表板转速表显示是否正常。 （3）检查仪表板转向灯显示是否正常。 （4）检查仪表板燃油表显示是否正常。 （5）检查仪表板制动灯显示是否正常。 （6）检查仪表板故障灯显示是否正常
检查车身灯光系统功能二 	检查前照灯。 （1）打开前照灯控制开关。 （2）检查前雾灯是否损坏。 （3）检查前大灯是否损坏。 （4）检查前转向灯是否损坏。 （5）检查前远光灯、近光灯是否损坏
检查车身灯光系统功能三 	检查后尾灯。 （1）打开后尾灯控制开关。 （2）检查后雾灯是否损坏。 （3）检查后牌照灯是否损坏。 （4）检查后转向灯是否损坏。 （5）检查后制动灯是否损坏。 （6）检查后倒车灯是否损坏
检查车身空调系统功能 	（1）打开空调控制开关（制冷/制热）。 （2）检查冷空调系统是否制冷。 （3）检查热空调系统是否制热。 （4）检查空调控制开关是否损坏。 （5）检查空调指示灯是否正常。 （6）检查 AUTO 或 A/C 开关的使用是否正常

续表

作业内容及图示	操作方法及步骤/技术规范及要求
检查车辆操纵性能一 	检查制动性能。 （1）操作制动器，检查制动性能是否符合车辆使用技术要求。 （2）操作驻车制动杆，检查并确保驻车制动杆拉动时，行程在预定的槽数内（6～9 格），如果不符合标准，则调整驻车制动杆的行程
检查车辆操纵性能二 	检查换挡杆性能。 技术要求：在进行换挡杆操作检查时，一定要踩下制动踏板。 （1）检查换挡杆外部是否有损伤。 （2）操作换挡杆，检查换挡操作是否灵活
关闭电气系统，检查各控制开关 	（1）检查空调系统各控制开关。 （2）检查灯光照明系统控制开关。 （3）检查雨刮器控制开关
收尾作业 	回收三件套。 （1）回收方向盘套。 （2）回收脚垫。 （3）回收座椅套

评价与反馈

车身损伤检查评分表如表 5-1-3 所示。

表 5-1-3　车身损伤检查评分表

序号	内容及要求	配分	评分标准	自评	组评	师评	得分
1	能正确描述承载式车身碰撞损伤的类型和发生的顺序	20	承载式车身碰撞损伤的类型描述错误或漏说，每错一处扣 5 分；承载式车身碰撞损伤发生的顺序描述错误或漏说，每错一处扣 5 分，扣完为止				
2	能准确说出车身损伤检查与评估的基本流程	20	车身损伤检查与评估的基本流程漏说或说错，每错一处扣 5 分				
3	能正确填写车身损伤检查报告	20	车身损伤检查报告填错或漏填，每错一处扣 2 分				
4	能独立完成车身损伤检查并评估车辆损伤情况	20	能正确通过目测独立完成，不扣分；基本能完成，扣 5 分；在教师指导下能完成，扣 10 分；不能完成，扣 20 分				
5	安全文明生产	20	操作应无安全隐患，无违章操作，否则此项不得分				
指导教师总体评价							
			指导教师：_____ ____年____月____日				

知识巩固

一、填空题

1．承载式车身发生各类损伤的顺序一般为_____→_____→断裂损伤→_____→增宽损伤。

2．理论和实践证明，同时作用在物体上同一个点的两个力可以合成一个力，在力学上称为_____。

3．在通过目测观察整个车身的损伤时，一般从_____开始，环绕车辆_____周统计撞击次数，评价其幅度，确定车身损伤顺序。

二、判断题

1．承载式车身的断裂损伤可以通过测量其长度是否超出配合公差来判定，它与非承载式车身的断裂损伤相似。　　　　　　　　　　　　　　　　　　　　（　　　）

2．车辆前端发生严重碰撞事故，发动机舱内部机械部件不会受到损坏。　（　　）

3．检查、评估汽车的损伤程度采用测量法是必不可少的，可以不按维修手册给出的相关技术参数，而根据经验对损伤程度进行评估。　（　　）

三、选择题

1．在汽车与障碍物碰撞的单方事故中，（　　）事故最为少见。

A．尾部碰撞　　　　B．前角碰撞　　　　C．后角碰撞　　　　D．侧面碰撞

2．对于承载式车身结构，按碰撞损伤发生的一般顺序，（　　）变形最先出现。

A．弯曲　　　　　　B．增宽　　　　　　C．扭转　　　　　　D．褶皱

3．甲说：事故中碰撞力在汽车上作用的面积越大，单位面积受到的损伤就越严重。乙说：仅通过目测检查不能精确地判断碰撞损伤情况。以下（　　）选项是正确的。

A．只有甲正确　　　　　　　　　　B．只有乙正确

C．甲、乙都正确　　　　　　　　　　D．甲、乙都不正确

任务 2　车身测量

 ### 任务描述

一辆汽车右前方发生碰撞，按照 4S 店的修理流程，需要先对受损车辆整车进行损伤判断。本任务要求使用超声波电子测量系统对汽车车身底部数据进行测量（共 6 对 12 个测量点，分别为 1 对基准点、1 对参考点、4 对测量点），并记录实际测量值（长度、宽度、高度），要求确保数据测量精准和作业流程规范。

 ### 知识目标

1．了解车身测量的目的。

2．了解车身测量的重要性及车身三维测量原理。

 ### 技能目标

1．掌握超声波电子测量系统的使用方法。

2．能够使用超声波电子测量系统进行车身测量。

 ### 素质目标

1．培养爱岗敬业的职业道德。

2. 养成良好的工作习惯和安全意识。

3. 培养独立分析、解决问题的能力。

⊙ 相关知识

一、车身测量基础知识

1. 车身测量的作用

在维修事故车辆时，维修人员通常需要先对车辆进行损伤判断，再根据损伤情况制订维修方案。因此，车身数据是极其重要的，数据不准确会导致车辆跑偏、异响、无法正常装配等，严重时甚至会直接影响车辆正常行驶。通过进行车身测量，维修人员可以准确地判断出车辆的损伤程度，避免出现过度维修或维修不达标的情况。车身测量是车身维修中必不可少的操作，在事故车辆的损伤评估、矫正、板件更换及安装调整等工序中发挥着至关重要的作用。

2. 车身测量的目的

目前维修人员在对事故车辆进行维修时，一般采用目测、卷尺测量、电子测量等方式进行损伤判断。车身测量是车身矫正之前的一个必要程序，对后期的车身钣金维修有着重要意义。在维修过程中，可以先采用先进的测量设备快速、便捷地测量出受损车身各个基准点、参考点、测量点的数据，再将测得的数据与原车标准数据进行比较，从而判断车身的损伤情况。电子测量系统就是当前最先进的车身测量设备之一，它是在机械式测量系统的基础上发展而来的，通过使用各类传感器和计算机使车身测量工作更精确、更高效。

3. 车身测量的原理

像使用直尺测量数据要有一个零点作为尺寸起点一样，车身三维测量也必须先找到长度、宽度和高度的测量基准。只有找到基准，测量工作才能顺利进行。

（1）控制点。

车身测量的控制点用于检测车身损伤与变形的程度。在车身设计与制造过程中设有多个控制点，检测时可以按技术要求测量车身上各个控制点之间的尺寸，如果误差超过规定的极限尺寸，则应设法修复，使之达到技术标准要求。

第一控制点通常在前保险杠或水箱框架支撑部位，第二控制点一般在前悬架支撑部位，第三控制点在车身中间相当于后门框部位，第四控制点在车身后悬架支撑部位，如图 5-2-1 所示。

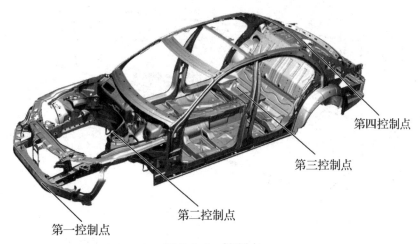

图 5-2-1　控制点

（2）基准面。

高度方向的测量基准是一个假想的平面，与车身底板平行且与之有固定距离。

基准面是车身所有垂直尺寸测量的参考面，汽车高度就是根据基准面测得的。基准面如图 5-2-2 所示。

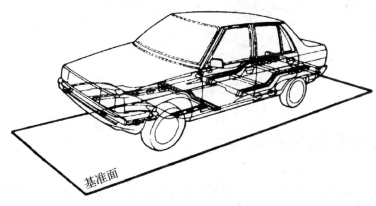

图 5-2-2　基准面

（3）中心面。

中心面是车身三维测量的宽度测量基准，它将汽车分成左右相等的两部分。对称的汽车所有宽度尺寸都是以中心面为基准测得的。大部分汽车都是对称的，对称意味着汽车右侧与左侧相应部位的尺寸是完全相同的，车身结构的一侧是另一侧的镜像。中心面如图 5-2-3 所示。

（4）零平面。

为了正确分析车身损伤情况，一般将汽车分成前、中、后三部分，三部分的基准面称为零平面，这三部分在汽车的设计过程中已形成。在实际测量中，零平面也称为零点，是长度测量基准，如图 5-2-4 所示。

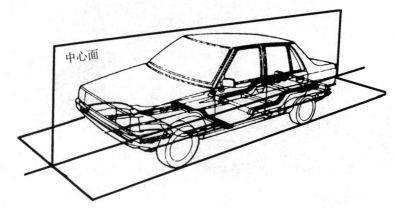

图 5-2-3　中心面

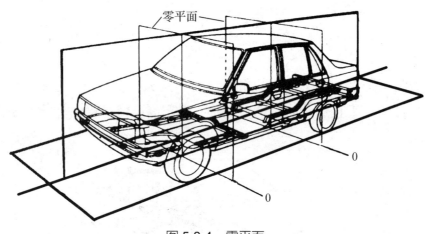

图 5-2-4　零平面

二、超声波电子测量系统

目前国内一些维修人员在维修车身时常使用一些简单测量设备，主要进行点对点的测量，也就是长度和宽度的测量，常会忽视高度测量，没有真正实现车身三维测量，因此维修结果总是不尽如人意。目前应用广泛的一种全自动电子测量系统是超声波电子测量系统，它的测量精度可以达到±1mm，测量稳定、准确，可以瞬时测量，操作简便、高效。超声波电子测量系统由控制计算机、超声波发射器、铝梁及测量探头等组成。超声波发射器有上、下两个发射源，可同时发射超声波，由测量探头等安装在车身某一构件测量点上。超声波发射器发送超声波，由于超声波是以等速传播的，因此装在铝梁上的两排共 48 个超声波接收器可以快速、准确地测量超声波在车辆上不同测量点之间传播所用的时间，控制计算机根据每个超声波接收器的接收情况自动计算出每个测量点的三维数据。

1. 组成

超声波电子测量系统由控制计算机、超声波发射器、铝梁及测量探头等组成。

（1）控制计算机。

控制计算机主要承载超声波系统，通过数据线与铝梁连接，用于控制整个系统，接收铝梁反馈的测量数据。控制计算机如图 5-2-5 所示。

图 5-2-5　控制计算机

（2）超声波发射器。

超声波发射器通过数据线与铝梁连接，控制计算机发出测量指令，超声波发射器接收测量指令并发出超声波信号，铝梁接收超声波信号并将测量数据反馈给控制计算机。超声波发射器如图 5-2-6 所示。

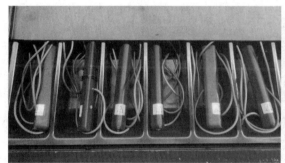

图 5-2-6　超声波发射器

（3）铝梁。

铝梁根据主体上的箭头标志分辨前后，用于接收超声波发射器发射的超声波信号，并将测量数据反馈给控制计算机。铝梁如图 5-2-7 所示。

图 5-2-7　铝梁

（4）测量探头。

测量探头安装在车身上的测量点处，是超声波发射器与测量点连接的介质。由于车身上测量点的大小是不一样的，因此可根据系统中的提示选用合适的测量探头。测量探头如图 5-2-8 所示。

图 5-2-8　测量探头

2．测量点

测量点又称工艺孔，在汽车车身冲压成型过程中对板件起定位作用，在对汽车进行装配时起参照作用，汽车生产完成后通常使用塑料胶塞进行密封。在对汽车进行事故维修时，可通过测量点进行数据测量。

在进行车身受损区域数据测量前，应先确定车身测量的基准点和参考点。基准点和参考点一般选择在车身受到撞击时不容易发生变形处。基准点的作用是确保测量数据的精准度，参考点的作用是矫正基准点的误差。

 任务流程

一、工具、设备及辅料准备

本任务所需的主要工具、设备及辅料如表 5-2-1 所示。

表 5-2-1　本任务所需的主要工具、设备及辅料

类型	名称	图示	类型	名称	图示
防护工具	纱手套		防护工具	护目镜	

续表

类型	名称	图示	类型	名称	图示
防护工具	安全头盔		作业工具	车身矫正仪	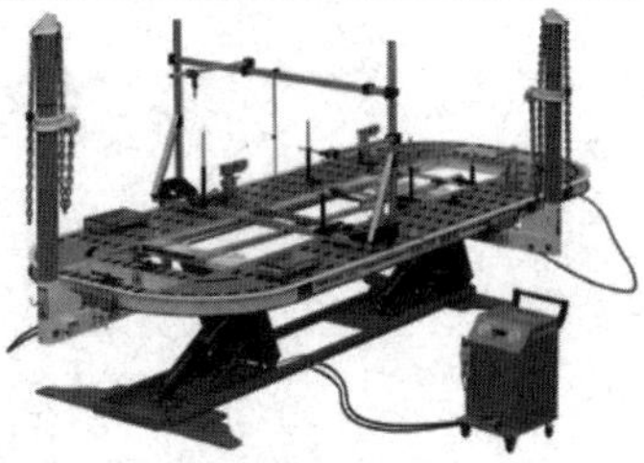
作业工具	超声波电子测量系统				

二、操作方法及步骤

本任务的操作方法及步骤/技术规范及要求如表 5-2-2 所示。

表 5-2-2　本任务的操作方法及步骤/技术规范及要求

作业内容及图示	操作方法及步骤/技术规范及要求
穿戴防护用品 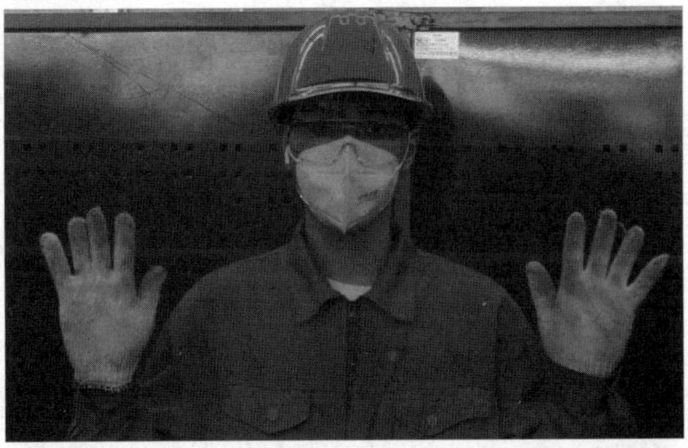	正确穿戴口罩、护目镜、安全头盔、手套、工作服等防护用品
检查车身矫正仪 	（1）确认车身矫正仪主夹具的各螺栓已经紧固。 （2）检查平台上有无障碍物。 （3）检查液压柱有无松动

续表

作业内容及图示	操作方法及步骤/技术规范及要求
检查超声波电子测量系统 	（1）检查操作区是否整洁。 （2）检查有无障碍物。 （3）检查测量探头是否能正常工作。 （4）检查超声波发射器是否能正常工作
检查铝梁 	（1）确认超声波电子测量系统的铝梁上的箭头方向。 （2）检查数据线是否已和铝梁及控制计算机连接。 （3）检查铝梁是否处于车架中心位置。 （4）检查铝梁的放置是否平稳
进入超声波电子测量系统 	打开超声波电子测量系统的电源开关，双击控制计算机桌面上的"Shark"快捷方式，进入超声波电子测量系统
填写工单 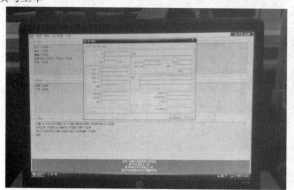	在工单界面中可针对新客户信息进行工单填写，如果是老客户，可直接从客户列表中获取客户信息

续表

作业内容及图示	操作方法及步骤/技术规范及要求
选择车型 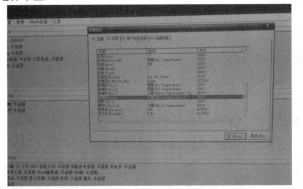	按 F1 键，按照超声波电子测量系统的操作步骤建立工单，在车型列表中选择"新赛欧三厢 2013"车型
选择悬架 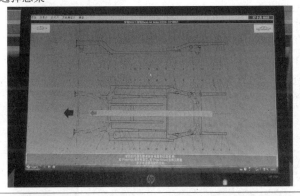	根据车辆受损情况通过按 Page Up 键和 Page Down 键，或者按左右箭头键选择悬架
匹配铝梁方向 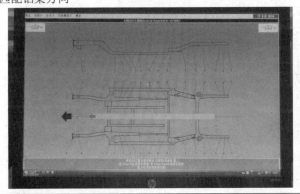	按 F4 键选择铝梁方向，一般要求铝梁方向和车头方向一致，准备好后按 F1 键进入下一个界面
注意事项 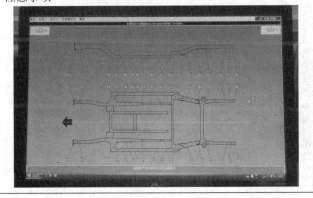	在车身界面上，测量点分为左、右两个点，一般情况下要求左、右两个点一起测量，特殊测量点除外（有的测量点只有一个点）

续表

作业内容及图示	操作方法及步骤/技术规范及要求
确认测量方向 	铝梁上的箭头指向车头方向，驾驶位在左边，副驾驶位在右边
确认测量点及测量探头 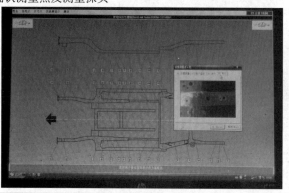	单击车身界面上的测量点，出现的"F1"提示框中显示该测量点安装的测量探头（可根据提示在主机二、三层抽屉中找到对应的测量探头，测量探头上有标注），"F3"提示框中显示该测量点测量探头安装位置（可根据图片在车身上找到相应位置）
测量探头安装方法 	根据左图，用内六角扳手对准测量探头底部的安装螺钉，右旋为锁紧测量探头，左旋为松开测量探头
确定基准点 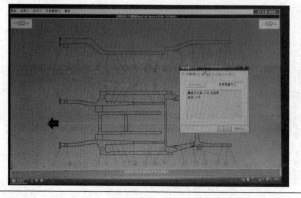	单击车身界面上的"a"点，将其作为基准点，根据"F3"提示框、"F1"提示框中的提示找到"a"左、"a"右的测量点并安装测量探头

作业内容及图示	操作方法及步骤/技术规范及要求
确定参考点 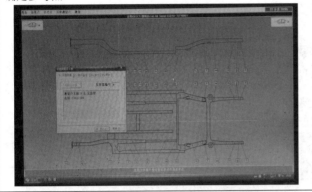	单击车身界面上的"b"点，将其作为参考点，根据"F3"提示框、"F1"提示框中的提示找到"b"左、"b"右的测量点并安装测量探头
注意事项 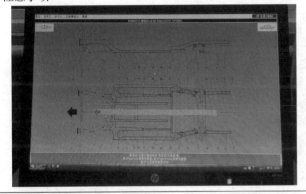	在受损车辆实际测量过程中，并非只能选用"a""b"两点作为基准点和参考点，但选用的基准点和参考点必须处于车辆受损后未产生损伤的位置，否则会造成测量数据不准确
安装超声波发射器一 	安装完"a""b"两点的测量探头后将超声波发射器分别安装到 4 个测量探头上。超声波发射器安装在测量探头下方，一般以磁吸的方式和测量探头连接
安装超声波发射器二 	将超声波发射器数据线连接铝梁，铝梁上与超声波发射器数据线连接接口处有数字编号，要记住所连接的接口编号

续表

作业内容及图示	操作方法及步骤/技术规范及要求
安装超声波发射器三 	在控制计算机中单击"a"左，把超声波发射器数据线与铝梁连接接口的编号输入到"a"左提示框中的超声波发射器编号处
安装超声波发射器四 	在控制计算机中单击"a"右，把超声波发射器数据线与铝梁连接接口的编号输入到"a"右提示框中的超声波发射器编号处
安装超声波发射器五 	在控制计算机中单击"b"左，把超声波发射器数据线与铝梁连接接口的编号输入到"b"左提示框中的超声波发射器编号处
安装超声波发射器六 	在控制计算机中单击"b"右，把超声波发射器数据线与铝梁连接接口的编号输入到"b"右提示框中的超声波发射器编号处

续表

作业内容及图示	操作方法及步骤/技术规范及要求
测量数据 	基准点、参考点安装完毕后，按 F 键进行基准点、参考点测量，得出 4 个点的数据（长度、宽度、高度），并将数据记录在工单上（记录的是测量数据而不是原车标准数据）
返回车身界面 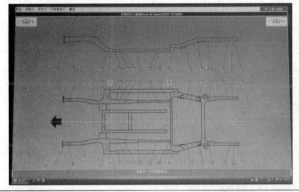	记录好数据后按 F8 键返回车身界面，根据上述基准点、参考点的测量方法依次测量工单上的其他测量点
注意事项 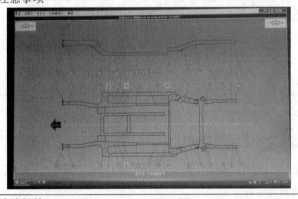	第三个测量点测量完成后，按 F8 键返回车身界面，删除超声波发射器编号并拆下第三个测量点的测量探头和超声波发射器后方可安装、测量下一个测量点（因为超声波发射器只有 6 个），整个测量过程中不允许拆卸或在控制计算机中删除基准点和参考点
清洁场地 	（1）填写工单。 （2）整理工具。 （3）做好 6S 整理工作

 评价与反馈

请结合本小组制订的计划，完成本次测量和数据记录，记录在操作过程中遇到的问题并查找解决方法，如表 5-2-3 和表 5-2-4 所示。

表 5-2-3 测量数据记录表

测量点		长度测量值	宽度测量值	高度测量值
a 点	左侧			
	右侧			
b 点	左侧			
	右侧			
____点	左侧			
	右侧			
____点	左侧			
	右侧			
____点	左侧			
	右侧			
____点	左侧			
	右侧			

表 5-2-4 操作过程评分表

序号	评分项目	配分	评分细则描述	扣分及细节描述	实际得分
1	安全防护	6	未正确穿戴工作服、安全鞋，或者未视情况适时穿戴手套、口罩、护目镜、耳罩等，每项扣 1 分		
2	工具、量具使用情况	6	操作中工具、量具掉落，每次扣 2 分		
3	确定基准点和参考点	8	确定 2 个基准点和 2 个参考点，每错一个扣 2 分		
4	正确选择测量点	12	每选错一个测量点扣 1 分		
5	正确选择测量探头	12	每选错一个测量探头扣 1 分		
6	正确测量 12 个测量点	54	共 36 个数据，每个数据 1.5 分，误差>3mm 不得分，2mm≤误差<3mm 得 1 分，1mm≤误差<2mm 得 1.2 分，误差<1mm 得 1.5 分（根据选手测量数据记录表进行打分）		
7	6S 整理	2	操作完成后设备、工具或量具未清洁或未归位，每项扣 1 分		
8	分值合计	100		总得分：	

 知识巩固

一、判断题

1. 车身上两点之间的长度是指两点之间的直线距离。 （　　）

2. 车身测量的允许误差为±5mm。 （　　）

3. 测量的尺寸越短，测量精度越高。 （　　）

4. 电子测量系统储存了车身数据。 （　　）

5. 电子测量系统只能测量长度和宽度。 （　　）

6. 电子测量系统可以自动地将实际的测量数据和数据表中的标准值进行比较。 （　　）

7. 在数据表中，车身上部数据总是三维数据。 （　　）

二、选择题

1. 中心面把汽车分为（　　）。

A. 前后相等的两部分　　　B. 上下相等的两部分　　　C. 左右相等的两部分

2. 车身数据俯视图中标的数据有（　　）。

A. 长度和高度　　　　　　B. 长度和宽度　　　　　　C. 宽度和高度

3. 关于车身数据，下列叙述正确的是（　　）。

A. 所有的测量点都有数据

B. 主要的测量点都有数据

C. 只有底部的测量点有数据

4. 超声波电子测量系统铝梁的上、下两排小孔的作用是（　　）。

A. 发射超声波　　　　　　B. 反射超声波　　　　　　C. 接收超声波

5. 每个超声波发射器有（　　）。

A. 1个发射源　　　　　　B. 2个发射源　　　　　　C. 3个发射源

6. 在使用超声波电子测量系统进行测量时，要测量 3 对点，需要（　　）。

A. 9个超声波发射器　　　B. 6个超声波发射器　　　C. 3个超声波发射器

7. 若测量时发现测量点已经变形，但仍需要测量，则应该（　　）。

A. 继续测量，不会影响数据准确性　　　　B. 对该测量点进行矫正后再测量

C. 换另外一个测量点

任务3 车身矫正

任务描述

一辆汽车正在公路上行驶，司机操作失误导致汽车右前方与电线杆发生碰撞，事后该

汽车被拖到 4S 店维修，维修人员对车身进行粗略勘测后发现车身前纵梁倾斜。为确保汽车矫正过程和矫正后数据的准确性，本任务要求在 30min 内使用超声波电子测量系统对前纵梁进行"Y"点或"X"点测量，记录数据并对车身前纵梁进行矫正。

 知识目标

1. 了解车身矫正的重要性。
2. 了解车身矫正的基本原理。
3. 掌握车身矫正的方法。

 技能目标

1. 能够正确使用车身矫正仪。
2. 能够使用车身矫正仪正确矫正车身。

 素质目标

1. 培养爱岗敬业的职业道德。
2. 养成良好的工作习惯和安全意识。
3. 培养独立分析、解决问题的能力。

▶ 相关知识

一、车身矫正的重要性

车辆受到严重撞击后，车身的外覆盖件和结构件都会发生变形。车身外覆盖件的损伤可以用锤子、顶铁和外形修复机来修理，但车身结构件的损伤修理仅使用这些工具是无法完成的。车架式车身的车架和承载式车身的结构件是非常坚固的，强度非常高。对于这些部件的变形，必须通过车身矫正仪提供巨大的液压力量才能进行修复操作。使用车身矫正仪可以快速、精确地修复这些部件的变形。

车身的矫正和拉伸过程以前以人力来操作，是一个繁重的体力操作过程。现在人力已被替换为巨大且平稳的液压力，使用现代化的车身矫正设备进行车身矫正操作相对来说是比较容易的，如图 5-3-1 所示。

车身矫正的重点是精确地恢复车身的尺寸。车身（特别是承载式车身）是汽车的基础，汽车的发动机、悬架、转向系统等都是安装在车身上的，如果这些部件安装点的尺寸没有矫正到原尺寸，就会影响汽车的性能。

图 5-3-1　使用现代化的车身矫正设备进行车身矫正操作

对于承载式车身而言，车身尺寸的精确度是影响车身修复质量的关键因素。车身尺寸没有矫正到位，仅通过调整或垫上垫片等方法把更换的钢板装好，而把修整和其他机械方面的问题留给机修人员去做显然是不妥当的。机械的调整手段仍然是必要的，但只能做一些微小的调整，车身维修人员有责任把基本结构全部修好，只有悬架和其他机械系统的微调可以留给专门的修理人员去处理。

车身碰撞损伤修复好后，如果用户仍抱怨轮胎磨损异常、偏向某一边，则经检查后可能发现前翼子板的安装处有扩大的裂纹，甚至车门铰链上有扩大的裂缝。要把车身外部的这些损伤完全修复好，往往还要花费大量的时间重新修理车身内部的一些损伤。采用不适当的车身和车架矫正技术，是车身结构不能恢复到原尺寸的主要原因。车身矫正是一个非常重要的操作过程，车身矫正工作的好坏直接影响汽车的安全性、修理所用的时间及整车的修理质量。

在进行车身矫正时，消除碰撞造成的车身和车架上的变形及应力也是非常重要的。并不是所有变形部件都可以在矫正后继续使用的，有些部件，特别是高强度和超高强度钢制造的部件，因为变形后内部的应力相当大，而且用常规的方法无法完全消除这些应力，所以不能在矫正后继续使用，而要进行更换。

二、车身矫正的基本原理

在矫正（拉伸）车身时有一个基本原则，即按与碰撞力相反的方向，在损伤区域施加拉力，如图 5-3-2 所示。当碰撞力很小，损伤比较简单时，这种方法很有效。

当损伤区域有褶皱或发生了剧烈碰撞，构件变形比较复杂时，采用沿着一个方向拉伸的方法不能使车身恢复原状。这是因为变形复杂的构件在拉伸过程中，其强度和形状也随之改变，所以拉力的大小和方向需要适时改变（见图 5-3-3），把力仅施加在一个点上不能

取得好的修复效果。如图 5-3-4 所示，由力的分解和合成可知，分力与合力满足平行四边形关系，在矩形 $ABCD$ 中，X、Y 是分力，Z 是合力，可得到 $X+Y=Z$ 的关系式。同理，在矩形 $AFHD$ 中，$X+Y'=Z'$；在矩形 $EGCD$ 中，$X'+Y=Z''$。也就是说，改变了分力的大小就改变了合力的大小和方向。

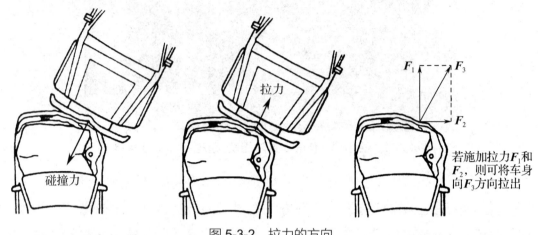

图 5-3-2　拉力的方向

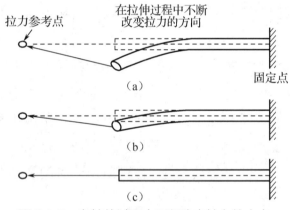

图 5-3-3　在拉伸过程中不断改变拉力的方向

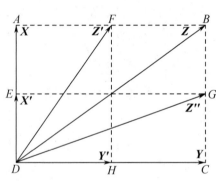

图 5-3-4　力的分解和合成

因此，建议在矫正（拉伸）车身时在损伤区域不同的点上施加拉力。

三、车身矫正的安全防护

在使用车身矫正仪时，不正确的操作可能会对维修人员、车身和车身矫正仪造成损伤，要注意遵守以下安全规则。

（1）根据所用设备的说明书，正确地使用车身矫正仪。

（2）严禁非熟练人员或未经过正式培训的人员操作车身矫正仪。

（3）在固定汽车时要确保主夹具夹钳齿咬合得非常紧固，车辆被牢靠地固定在平台上。

（4）在拉伸前汽车要装夹牢固，检查主夹具固定螺栓和钳口螺栓是否紧固牢靠。

（5）要使用推荐型号和级别的链条、钣金工具进行操作。

（6）拉伸时钣金工具要在车身上紧固牢靠，链条必须稳固地与汽车和平台连接，以防在拉伸过程中脱落。避免将链条缠在尖锐器物上。

（7）当向一侧的拉力大时，要在相反一侧进行辅助牵拉，以防将汽车拉离平台，如图 5-3-5 所示。在汽车前端进行单点固定会使车身在拉伸过程中产生一个偏转力矩，从而发生扭转。在汽车前端进行多点固定后，在拉伸过程中车身就不会产生偏转力矩了。

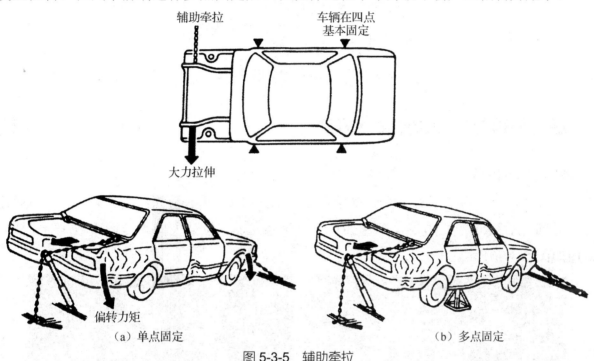

图 5-3-5 辅助牵拉

（8）当操作人员要在汽车上方和汽车下方工作时，不要用千斤顶支撑汽车。

（9）严禁操作人员与链条或夹钳在一条直线上。因为当链条断裂、夹钳滑落、钢板撕断时，在拉伸方向上可能会对操作人员造成直接的伤害事故。当在车外进行拉伸矫正时，操作人员在车内工作是很危险的。

（10）用厚防护毯包住链条或用安全绳把钣金工具、链条固定在车身上的牢固部件上，以防在链条断裂时钣金工具、链条甩出来对人员或物品造成损伤，如图 5-3-6 所示。

（11）在拉伸时要把塔柱与平台的固定螺栓紧固牢靠，否则在拉伸过程中塔柱滚轮移动装置可能会受力损坏，这可能导致塔柱突然脱离平台，对人员或物品造成损伤。

（12）当对塔柱使用链条进行拉伸时，链条在顶杆的锁紧窝锁紧，链条不能有扭曲，所有链节呈一条直线。导向环的固定手轮用于在拉伸前固定导向环高度，当拉伸开始时要松开固定手轮，防止链条断裂时向左右甩出。松开固定手轮后，一旦链条断裂，导向环就会因自重向下滑，使链条向下甩出。

（13）在移动塔柱时不允许站在塔柱移动方向拉动平台，只可以在后面以推的方式向前方移动塔柱，以避免塔柱导轮与平台脱轨造成安全事故。

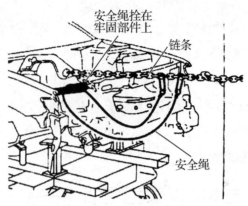

图 5-3-6 拉伸过程中的安全绳防护

四、常用的几种拉伸矫正方法

1. 横向拉伸

绝大多数重度损伤事故车辆维修都需要对车身的宽度、长度进行拉伸矫正。链条通过塔柱导向环后横向钩住固定在车身部件上的钣金工具，拉伸方向与地面大致平行。横向拉伸如图 5-3-7 所示。

图 5-3-7 横向拉伸

2. 向上拉伸

汽车车身上有些部件受到向下的碰撞力后会向下弯曲变形，有些车身矫正仪有斜拉臂，可以完成向上拉伸的矫正工作，但是斜拉臂的拉力较小，只能拉伸车顶等需要的拉力比较小的部位，如图 5-3-8 所示。对于需要的拉力比较大的部位，可以用液压顶杆辅助向上顶伸，如图 5-3-9 所示。

图 5-3-8　用斜拉臂向上拉伸

图 5-3-9　用液压顶杆辅助向上顶伸

3．向下拉伸（凹陷修复）

汽车车身上有些部件会向上变形，需要用下拉式装置进行向下拉伸。有时向下拉伸要先在车身底部塞上垫块，以提供支撑，然后通过下拉式装置将车身高端向下拉伸，这样便可修复车身基准线。当用下拉式装置向下拉伸时，塔柱上的链条（导向环）必须处于最低位置，如图 5-3-10 所示。

图 5-3-10　用下拉式装置向下拉伸

 任务流程

一、工具、设备及辅料准备

本任务所需的主要工具、设备及辅料如表 5-3-1 所示。

表 5-3-1 本任务所需的主要工具、设备及辅料

类型	名称	图示	类型	名称	图示
防护工具	纱手套		作业工具	超声波电子测量系统	
	护目镜			车身矫正仪	
	安全头盔				

二、操作方法及步骤

本任务的操作方法及步骤/技术规范及要求如表 5-3-2 所示。

表 5-3-2 本任务的操作方法及步骤/技术规范及要求

作业内容及图示	操作方法及步骤/技术规范及要求
穿戴防护用品 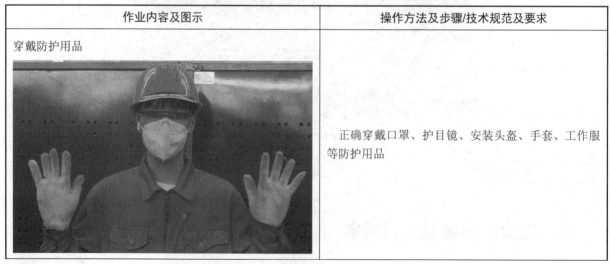	正确穿戴口罩、护目镜、安装头盔、手套、工作服等防护用品

续表

作业内容及图示	操作方法及步骤/技术规范及要求
检查车身矫正仪 	（1）确认车身矫正仪主夹具的各螺栓已经紧固。 （2）检查平台上有无障碍物。 （3）检查液压柱有无松动
检查铝梁 	（1）确认超声波电子测量系统的铝梁上的箭头方向。 （2）检查数据线是否已和铝梁及控制计算机连接。 （3）检查铝梁是否处于车架中心位置。 （4）检查铝梁是否放置平稳
进入超声波电子测量系统 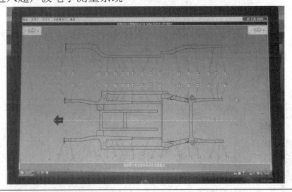	（1）打开超声波电子测量系统的电源开关。 （2）填写工单。 （3）选择车型。 （3）选择悬架
确定基准点和参考点 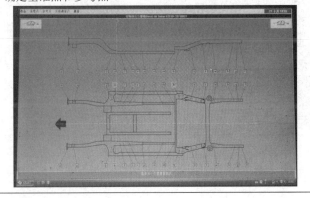	根据工单要求，先确定基准点"a"与参考点"b"，再依次测量车身上的其他测量点

续表

作业内容及图示	操作方法及步骤/技术规范及要求
安装超声波发射器和测量探头 	根据老师提供的测量点，按要求将超声波发射器和测量探头安装到位于前纵梁的测量点上，对测量点进行测量
进入测量界面 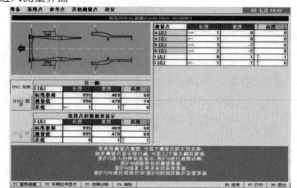	（1）进入测量界面，确认数据。 （2）记录测量数据
确认车身矫正数据 　Y点宽度标准数据（此项由指导老师填写）： 　　　　左：___450___　右：___480___ 　Y点矫正后数据（此项经指导老师确认后由学生填写）： 　　　　左：_____　右：_____	根据老师给定的车身矫正数据，判断前纵梁需要拉伸的方向
车身矫正准备一 	（1）判断拉伸方向。 （2）移动塔柱，注意在移动过程中只允许推动塔柱，不允许拉动塔柱，以防止在移动塔柱过程中发生意外危险时人员不能及时撤离

续表

作业内容及图示	操作方法及步骤/技术规范及要求
车身矫正准备二 	安装液压油管接头，接头为快插式接头，对准后施加推力即可安装
锁定塔柱 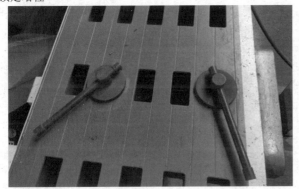	将塔柱移动到合适位置后，对"T"形螺栓进行紧固，防止在拉伸过程中塔柱和平台导轨间相互挤压
打开节流阀 	将塔柱下方节流阀的"T"形开关朝"ON"方向旋转，确保节流阀完全打开
安装尼龙带 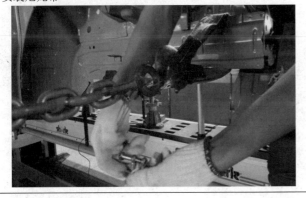	选择拉伸工具（尼龙带），套过前纵梁将尼龙带、安全绳、链条拉钩三者连到一起

作业内容及图示	操作方法及步骤/技术规范及要求
调整链条一 	根据给定的拉伸宽度数据，先对远离塔柱一侧的前纵梁进行拉伸，调整链条长度，使其满足拉伸需要，并保证链条卡进塔柱顶杆锁紧窝
调整链条二 	在调整链条长度时（可以用手拉动链条后端进行调整，也可以通过双向卡爪进行调整，本任务中使用的是双向卡爪）要确保链条没有扭曲
调节矫正模式 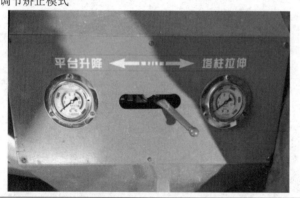	将车身矫正仪电动泵球阀手柄置于"塔柱拉伸"侧
进入矫正模式 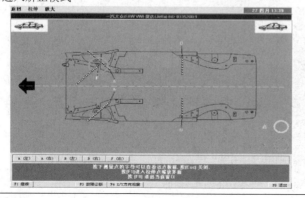	在测量界面按 F2 键进入拉伸界面，按 Y 键，超声波发射器会不间断地测量，实时对 Y 点进行监控

作业内容及图示	操作方法及步骤/技术规范及要求
开始矫正 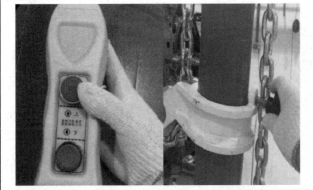	按车身矫正仪电动泵控制手柄上的"上"键，先预紧链条，待链条绷紧后，松开导向环后面的导向环固定手轮
矫正一 	继续按车身矫正仪电动泵控制手柄上的"上"键，开始拉伸远离塔柱一侧的前纵梁，边拉伸边观察屏幕上的数据，同时观察塔柱顶杆的伸出高度情况，当宽度数据达到要求后，暂停并保持
释放车身应力 	使用木锤适度敲击被拉伸的前纵梁，释放车身应力
矫正二 	按车身矫正仪电动泵控制手柄上的"下"键，塔柱油缸开始泄压，顶杆回落，链条松动，拧紧导向环固定手轮，观察屏幕上的宽度数据，通过一次拉伸、放松便可以了解前纵梁的回弹情况

续表

作业内容及图示	操作方法及步骤/技术规范及要求
矫正三 	重复上述几个矫正步骤,直到将此前纵梁测量点宽度数据矫正至满足要求
矫正四 	待远离塔柱一侧的前纵梁矫正完毕后,重新调整链条长度,对靠近塔柱一侧的前纵梁进行拉伸,操作过程同上
填写矫正数据 Y点宽度标准数据(此项由指导老师填写): 　　　左:　450　　右:　480 Y点矫正后数据(此项经指导老师确认后由学生填写): 　　　左:　451　　右:　479	待左、右两条前纵梁拉伸完毕后,将拉伸后的数据填写到数据记录表中(要求按照车身维修标准数据,误差在±3mm以内)
6S 整理 	测量、拉伸、数据记录完毕后,将所有工具、物品恢复至原来状态(包括将超声波发射器、测量探头放回至控制计算机抽屉原来的位置,将塔柱推回至原来的位置,将链条、液压油管、导向环归位)

评价与反馈

请结合本小组制订的计划,完成本次测量和数据记录,记录在操作过程中遇到的问题

并查找解决方法，如表 5-3-3 和表 5-3-4 所示。

表 5-3-3　测量数据记录表

测量点		长度测量值	宽度测量值	高度测量值
a 点	左侧			
	右侧			
b 点	左侧			
	右侧			
＿＿点	左侧			
	右侧			
＿＿点	左侧			
	右侧			
＿＿点	左侧			
	右侧			
＿＿点	左侧			
	右侧			

＿＿＿＿点宽度标准数据（此项由指导老师填写）：左＿＿＿＿＿　　　右＿＿＿＿＿

＿＿＿＿点矫正后数据（此项经指导老师确认后由学生填写）：左＿＿＿＿＿　　右＿＿＿＿＿

表 5-3-4　操作过程评分表

序号	评分项目	配分	评分细则描述	扣分及细节描述	实际得分
1	安全防护	6	未正确穿戴工作服、安全鞋，或者未视情况适时穿戴手套、口罩、护目镜、耳罩等，每项扣 1 分		
2	工具、量具使用情况	6	操作中工具、量具掉落，每次扣 2 分		
3	确定基准点和参考点	8	确定 2 个基准点和 2 个参考点，每错一个扣 2 分		
4	正确选择测量点	12	每选错一个测量点扣 1 分		
5	正确选择测量探头	12	每选错一个测量探头扣 1 分		
6	正确测量 12 个测量点	54	共 36 个数据，每个数据 1.5 分，误差>3mm 不得分，2mm≤误差<3mm 得 1 分，1mm≤误差<2mm 得 1.2 分，误差<1mm 得 1.5 分（根据选手测量数据记录表进行打分）		
7	6S 整理	2	操作完成后设备、工具或量具未清洁或未归位，每项扣 1 分		
8	分值合计	100		总得分：	

知识巩固

一、判断题

1. 车身测量工作一般只在拉伸过程中配合进行。 （　　）

2. 车身矫正的允许误差为±5mm。 （　　）

3. 在进行拉伸前纵梁作业时可以一次性拉伸到位。 （　　）

4. 在进行拉伸作业时，塔柱、链条不能扭曲。 （　　）

5. 在进行前纵梁拉伸作业时，用木锤敲击是为了给前纵梁整形。 （　　）

6. 当汽车前部发生严重碰撞时，A柱一般不会变形。 （　　）

7. 在进行车身矫正时，只可以矫正车身宽度和长度。 （　　）

二、选择题

1. 车身修理后要求尺寸公差是（　　）。

A. ±3mm B. ±4mm C. ±2mm

2. 在测量一辆前端碰撞的汽车时，要先测量（　　）。

A. 散热器框架部位 B. 车身中部 C. 车身前部（包括水箱框架）

3. 在对前纵梁进行拉伸时，使用（　　）。

A. 钢丝绳 B. 只要能夹紧的钣金工具都可以

C. 尼龙绳

4. 拉伸时在（　　）停止拉伸，释放车身应力。

A. 链条拉紧时 B. 出现一定的变形量时 C. 拉伸到标准尺寸时

5. 拉伸时操作人员站在塔柱（　　）。

A. 前面 B. 后面 C. 侧面